終極意大利甜點食譜

盡情享受 100 種意大利甜點食譜的終極收藏

倩 许

版權資料 ©2023

版權所有

未經出版商和版權所有者的適當書面同意，不得以任何形式或任何方式使用或傳播本書的任何部分，評論中使用的簡短引述除外。不應將本書視為醫療、法律或其他專業建議的替代品。

目錄

目錄 3

介紹 8

1. 巧克力奶凍 9
2. 意式奶凍 11
3. 意大利臘腸芝士煎餅 13
4. 提拉米蘇 16
5. 奶油乳清派 19
6. 意大利洋薊派 21
7. 茴香曲奇 24
8. 焦糖果餡餅 26
9. 糖曲奇馬克杯蛋糕 28
10. 百利醬巴布卡 30
11. 焦糖百利奶酪火鍋 33
12. 香辣意式李子蛋糕 35
13. 加泰羅尼亞奶油 38
14. 杏仁冰糕 40
15. 馬斯卡彭芝士提拉米蘇 42
16. 純素提拉米蘇 45
17. 蝴蝶豌豆泡布丁 47

18. 香草椰子佈丁配芙蓉漿果醬 50

19. 藍莓丁香糖漿意式奶凍 53

20. 蜂蜜洋甘菊意式奶凍 58

21. 玫瑰酸奶布丁 60

22. Gulab 意式奶凍 62

23. 姜玫瑰奶油布丁 65

24. 迷你提拉米蘇鬆糕 67

25. 提拉米蘇冰淇淋 70

26. 提拉米蘇撻 73

27. 白巧克力提拉米蘇布丁杯 76

28. 檸檬提拉米蘇 78

29. 南瓜香料提拉米蘇派 81

30. 提拉米蘇百日咳派 84

31. 苦杏仁奶油卷 87

32. 西西里香煎蛋捲 90

33. Cannoli 奶油比薩 93

34. 奶油餡餅 95

35. 兒童奶油卷 97

36. 奶油蛋捲殼和餡料 99

37. 提拉米蘇芝士蛋糕 101

38. 芒果米蘇 104

39. 抹茶提拉米蘇 107

40. 巧克力焦糖慕斯提拉米蘇 110
41. 提拉米蘇奶油罐 113
42. 提拉米蘇紙杯蛋糕 116
43. 迷你提拉米蘇杯 120
44. 提拉米蘇奶油泡芙 122
45. 橙子佈丁和橙子果凍 126
46. 草莓布丁配焦糖花生 129
47. 草莓奇異果布丁 131
48. 酪乳布丁配柑橘醬 133
49. 梅子佈丁 135
50. 芒果布丁配糖絲裝飾 138
51. 椰子佈丁配菠蘿釉 141
52. 三色布丁軟糖 143
53. 芒果奶凍奶凍 146
54. 椰奶和橙子佈丁 148
55. 石榴布丁 150
56. 綠白布丁 152
57. 希臘酸奶布丁配棗泥 154
58. 柿子佈丁 157
59. 奶油西瓜布丁 159
60. 果凍梨蜜餞配意式奶凍 161
61. 奶油布丁配焦糖醬 164

62. 巧克力布丁 167

63. 焦糖奶油凍 169

64. 意大利烤桃子 171

65. 蜂蜜布丁 173

66. 冷凍蜂蜜 Semifreddo 175

67. 薩巴廖內 177

68. 阿芙佳朵 179

69. 燕麥肉桂冰淇淋 181

70. 雙巧克力冰淇淋 183

71. 櫻桃草莓冰淇淋 185

72. 奶油羊角麵包配火腿 187

73. 香桃和布里餡餅 190

74. 洋蔥火腿餡餅 192

75. 火腿橄欖番茄麵包 194

76. 火腿橙爆米花 196

77. 蜜餞火腿 198

78. 馬蘇里拉奶酪和火腿土豆蛋糕 200

79. 綠豌豆意式奶凍配火腿 202

80. 奇亞籽青檸冰淇淋 205

81. 巧克力櫻桃冰淇淋蛋糕 207

82. 巧克力炸彈 210

83. 菠蘿烤阿拉斯加 212

84. 巧克力冰淇淋汽水 214

85. 卡布奇諾冰沙 216

86. 五香紅酒水煮無花果配意式冰淇淋 218

87. 椰林飄香蛋白酥皮冰淇淋蛋糕 220

88. 草莓酥皮冰淇淋蛋糕 222

89. Toblerone 冰淇淋 225

90. 巧克力能多益冰淇淋 228

91. 櫻桃冰淇淋 230

92. 黑莓冰淇淋 232

93. 覆盆子冰淇淋 234

94. 藍莓冰淇淋 236

95. 芒果冰淇淋 238

96. 花生醬冰淇淋 240

97. 榛子冰淇淋 242

98. 混合漿果冰淇淋 244

99. 椰子冰淇淋 246

100. 南瓜冰淇淋 248

結論 **250**

介紹

如果您是意大利美食的愛好者，那麼您就知道意大利甜點是必須嘗試的。從經典的提拉米蘇到奶油布丁和清爽的格蘭尼塔，意大利甜點以其令人陶醉的口味和質地而聞名。如果您正在尋找擴展您的甜點曲目，終極意大利甜點食譜食譜是您的最佳選擇。

這本食譜包含 100 多種食譜，是在您舒適的廚房中製作正宗意大利甜點的綜合指南。每個菜譜都附有一張精美的全彩色照片，因此您可以準確地看到完成的菜品應該是什麼樣子。

但這本食譜不僅僅是食譜集——它是一次穿越意大利甜點製作的悠久歷史和傳統的旅程。您將了解經典甜點（如奶油捲和 zabaglione）的起源，並發現對舊甜點的新變化。

無論您是初學者還是經驗豐富的家庭廚師，這本食譜都能滿足每個人的需求。借助清晰的說明和有用的提示，您將能夠製作出美味而令人印象深刻的甜點，讓您的朋友和家人驚嘆不已。那為什麼還要等？立即獲取終極意大利甜點食譜食譜，開始沉迷於意大利的甜味吧！

.

1. 巧克力奶凍

製作：5 份

原料：

- 500 毫升 濃奶油
- 10 克 明膠
- 70 克黑巧克力
- 2 湯匙酸奶
- 3 湯匙糖
- 一撮鹽

指示：

a) 在少量奶油中浸泡明膠。
b) 在一個小平底鍋裡，倒入剩餘的奶油。將糖和酸奶煮沸，偶爾攪拌，但不要煮沸。把鍋從火上移開。
c) 加入巧克力和明膠攪拌直至完全溶解。
d) 將麵糊倒入模具中，冷藏 2-3 小時。
e) 要將意式奶凍從模具中取出，請在取出甜點之前在熱水中運行幾秒鐘。

2. 意式奶凍

品牌：6

原料：
- ⅓ 杯牛奶
- 1 包無味明膠
- 2.5 杯濃奶油
- ¼ 杯糖
- ¾ 杯草莓片
- 3 湯匙紅糖
- 3 湯匙白蘭地

指示：
a) 將牛奶和吉利丁攪拌在一起，直到吉利丁完全溶解。從等式中刪除。
b) 在一個小平底鍋中，將濃奶油和糖煮沸。
c) 將明膠混合物加入濃奶油中並攪拌 1 分鐘。
d) 將混合物分成 5 個小模子。
e) 將保鮮膜放在小模子上。之後，冷藏 6 小時。
f) 在攪拌碗中，混合草莓、紅糖和白蘭地；冷卻至少 1 小時。
g) 將草莓放在奶油布丁上面。

3. 意大利臘腸芝士煎餅

製作：5 份

原料：
- 130 克黃油
- 300 克麵粉
- 1 茶匙鹽
- 1 個雞蛋
- 80 毫升牛奶
- ½ 茶匙醋
- 填充：
- 1 個西紅柿
- 1 個甜椒
- 夏南瓜
- 薩拉米
- 奶酪
- 1 湯匙橄欖油
- 香草（如百里香、羅勒、菠菜）

指示：

a) 把黃油立方體。
b) 在碗或平底鍋中，混合油、麵粉和鹽，然後用刀切碎。
c) 加入一個雞蛋、一些醋和一些牛奶。
d) 開始揉麵團。搓成球狀後用保鮮膜包好冷藏半小時。

切掉所有的餡料原料.

e) 將餡料放在已在烘焙羊皮紙上攤開的一大圈麵團的中央（馬蘇里拉奶酪除外）。
f) 淋上橄欖油，用鹽和胡椒調味。
g) 然後小心地提起麵團的邊緣，將它們包在重疊的部分，輕輕壓入。
h) 將烤箱預熱至 200°C，烘烤 35 分鐘。烘烤時間結束前十分鐘加入馬蘇里拉奶酪，繼續烘烤。
i) 馬上上桌！

4. 提拉米蘇

品牌：6

原料：
- 4 個蛋黃
- ¼ 杯白糖
- 1 湯匙香草精
- ½ 杯攪打奶油
- 2 杯馬斯卡彭奶酪
- 30 個小手指
- 1.5 杯冰冷沖泡咖啡，保存在冰箱中
- ¾ 杯弗蘭格利科利口酒
- 2 湯匙不加糖的可可粉

指示：

a) 在攪拌盆中，將蛋黃、糖和香草精攪拌在一起，直至呈奶油狀。

b) 之後，將淡奶油攪打至堅硬。

c) 混合馬斯卡彭奶酪和鮮奶油。

d) 在一個小攪拌碗中，將馬斯卡彭奶酪輕輕拌入蛋黃中，放在一邊。

e) 將酒與冷咖啡混合。

f) 立即將手指浸入咖啡混合物中。如果小手指弄得太濕或太濕，它們會變得濕漉漉的。

g) 將一半的女士手指放在 9x13 英寸烤盤的底部。

h) 將一半的填充混合物放在上面。

i) 把剩下的小手指放在上面。

j) 蓋上盤子。之後，冷卻 1 小時。

k) 用可可粉撒粉。

5. 奶油乳清派

品牌：6

原料：
- 1 個商店買的餡餅皮
- 1.5 磅乳清乾酪
- ½ 杯馬斯卡彭奶酪
- 4 個打好的雞蛋
- ½杯白糖
- 1 湯匙白蘭地

指示：
a) 將烤箱預熱至 350 華氏度。
將所有填充成分混合在攪拌碗中。
然後將混合物倒入地殼中。
b) 將烤箱預熱至 350°F 並烘烤 45 分鐘。
c) 食用前將餡餅冷藏至少 1 小時。

6. 意大利洋薊派

品牌：8 份

原料：

- 3 個雞蛋；挨打
- 1 3 盎司包裝奶油芝士配細香蔥；軟化
- ¾ 茶匙大蒜粉
- ¼ 茶匙胡椒粉
- 1.5 杯馬蘇里拉奶酪，部分脫脂牛奶；手撕
- 1 杯意大利乳清乾酪
- ½ 杯蛋黃醬
- 1 14 盎司罐裝朝鮮薊心；排幹
- ½ 15 盎司罐頭鷹嘴豆，罐裝；沖洗並瀝乾
- 1 2 ¼ 盎司罐頭切片橄欖；排幹
- 1 2 盎司罐裝甜椒；切丁瀝乾
- 2 湯匙歐芹；剪斷
- 1 個餡餅皮（9 英寸）；生的
- 2 小番茄；切片

指示：

a) 在一個大的攪拌盆中混合雞蛋、奶油芝士、大蒜粉和胡椒粉。將 1 杯馬蘇里拉奶酪、意大利乳清乾酪和蛋黃醬放入攪拌碗中。

b) 攪拌直到一切都充分混合。

c) 將 2 個朝鮮薊心切成兩半，放在一邊。切碎剩下的心。

d) 將奶酪混合物與切碎的心、鷹嘴豆、橄欖、甜椒和歐芹一起攪拌。用混合物填充糕點殼。

e) 在 350 度下烘烤 30 分鐘。剩餘的馬蘇里拉奶酪和帕爾馬干酪應該撒在上面。

f) 再烤 15 分鐘或直到凝固。

g) 靜置 10 分鐘。

h) 在頂部，排列番茄片和四分之一的朝鮮薊心。

i) 服務

7. 茴香曲奇

品牌：36

原料：

- 1 杯糖
- 1 杯黃油
- 3 杯麵粉
- ½ 杯牛奶
- 2 個打好的雞蛋
- 1 湯匙泡打粉
- 1 湯匙杏仁提取物
- 2 茶匙茴香利口酒
- 1 杯糖果糖

指示：

a) 將烤箱預熱至 375 華氏度。
b) 將糖和黃油攪拌在一起，直至變得鬆軟。
c) 逐漸加入麵粉、牛奶、雞蛋、發酵粉和杏仁提取物。
d) 揉麵團直到變粘。
e) 用 1 英寸長的麵團製作小球。
f) 將烤箱預熱至 350°F，並在烤盤上塗上油脂。將球放在烤盤上。
g) 將烤箱預熱至 350°F，然後烘烤餅乾 8 分鐘。
h) 在攪拌碗中混合茴香酒、糖果糖和 2 湯匙熱水。
i) 最後，趁餅乾還熱的時候把它們浸在釉裡。

8. 焦糖餡餅

品牌：4

原料：
- 1 湯匙香草精
- 4 個雞蛋
- 2 罐牛奶（1 罐蒸發牛奶和 1 罐甜煉乳）
- 2 杯攪打奶油
- 8 湯匙糖

指示：

a) 將烤箱預熱至 350 華氏度。

b) 在不粘鍋中，用中火將糖融化至金黃色。

c) 趁熱將液化糖倒入烤盤中。

d) 在攪拌盤中，敲碎並打雞蛋。在攪拌碗中混合煉乳、香草精、奶油和甜牛奶。徹底混合。

e) 將麵糊倒入融化的糖衣烤盤中。將平底鍋放入裝有 1 英寸沸水的大鍋中。

f) 烘烤 60 分鐘。

9.　糖曲奇馬克杯蛋糕

原料：

- 2 湯匙雞蛋替代品
- 2 湯匙黃油，軟化
- ⅓ 杯麵粉
- 3 湯匙糖
- 1 茶匙香草
- 3 湯匙百利甜酒
- 2 湯匙彩虹灑
- 1 杯糖粉
- 2-3 滴粉色或紅色食用色素

指示：

a) 在一個碗中，將雞蛋替代品、黃油、麵粉、糖、香草、2 湯匙百利甜酒和 1 湯匙彩虹糖屑攪拌在一起。

b) 放在一個額外的杯子裡。

c) 微波爐加熱 60 秒，擦掉邊緣起泡的任何麵糊，然後再返回微波爐加熱 30 秒。

d) 取出蛋糕並將其放入冰箱。

e) 冷卻時，將糖粉、1 湯匙百利甜酒和食用色素攪拌在一起。

f) 淋在微熱的蛋糕上。

10. 巴布卡配百利甜醬

製作：1 份

原料：
- ¼杯牛奶
- 1 包乾酵母
- ¼杯溫水
- ¼杯糖
- ¼ 杯人造黃油，軟化
- 3 個雞蛋
- 2⅓ 杯麵粉，過篩
- ¼ 杯蜜餞，混合
- ¼ 杯黑葡萄乾

百利甜醬：
- ⅓杯水
- ½ 杯糖
- 2 湯匙百利甜酒

指示：

a) 在小平底鍋中加熱牛奶直至變熱，然後冷卻至微溫。

b) 將酵母撒在大碗中的水上並攪拌溶解。

c) 加入牛奶、¼ 杯糖、軟化人造黃油、雞蛋和麵粉。

d) 用低速電動混合物攪拌直至光滑和混合。

e) 用毛巾蓋住腸子，讓混合物在溫暖的地方上升，直到起泡，大約一小時。

f) 油脂和麵粉模具盤。將蜜餞和葡萄乾攪拌成麵團。

g) 變成準備好的模具。蓋上蓋子，讓麵團上升到鍋的頂部大約 1 小時左右。

h) 在預熱的 350 烤箱中烘烤約 30 至 40 分鐘，或測試完成並呈金黃色。

百利甜醬：

i) 將水加熱至沸騰，加入糖攪拌使其溶解。

j) 熄火併加入百利甜酒。

k) 將蛋糕從烤箱中取出後，立即用叉子和勺子在頂部刺破百利醬。

l) 讓蛋糕留在鍋中並在架子上冷卻 1 小時。

m) 小心取出並趁熱享用蛋糕。

11. <u>焦糖百利奶酪火鍋</u>

品牌： 12 份

原料：

- 7 盎司焦糖
- ¼ 杯迷你棉花糖
- ⅓ 杯淡奶油
- 2 茶匙百利甜酒

指示：

a) 在瓦罐中混合焦糖和奶油。
b) 蓋上蓋子並加熱 30 至 60 分鐘直至融化。
c) 加入棉花糖和百利甜酒。
d) 蓋上蓋子繼續煮 30 分鐘。
e) 與蘋果角或磅蛋糕一起食用。

12. 香辣意大利李子蛋糕

品牌： 12 份

原料：
- 2 杯意大利去核和四分之一
- 西梅，煮至
- 柔軟涼爽
- 1 杯無鹽黃油，軟化
- 1¾ 杯砂糖
- 4 個雞蛋
- 3 杯過篩麵粉
- ¼ 杯無鹽黃油
- ½磅糖粉
- 1.5 湯匙無糖可可
- 捏鹽
- 1 茶匙肉桂
- ½ 茶匙丁香粉
- ½ 茶匙肉荳蔻粉
- 2 茶匙小蘇打
- ½ 杯牛奶
- 1 杯核桃，切碎
- 2 到 3 湯匙濃的，熱的
- 咖啡
- ¾茶匙香草

指示：

a) 將烤箱預熱至 350°F。在 10 英寸的 Bundt 平底鍋上塗黃油和麵粉。

b) 在一個大的攪拌盆裡，把黃油和糖攪在一起，直到變得鬆軟。

c) 雞蛋一個一個打進去。

在篩子中混合麵粉、香料和小蘇打。三次，將麵粉混合物加入黃油混合物中，與牛奶交替加入。只需敲擊即可混合成分。

d) 加入煮熟的李子和核桃，攪拌混合。放入準備好的平底鍋中，在 350°F 的烤箱中烘烤 1 小時，或者直到蛋糕從平底鍋側面開始收縮。

e) 為了製作糖霜，將黃油和糖果糖混合在一起。逐漸加入糖和可可粉，不斷攪拌直至完全混合。用鹽調味。

f) 一次加入少量咖啡。

g) 打至輕盈蓬鬆，然後加入香草並裝飾蛋糕。

13. 加泰羅尼亞奶油

品牌：3

原料：

- 4 個蛋黃
- 1 肉桂（棒）
- 1 個檸檬（皮）
- 2 湯匙玉米澱粉
- 1 杯糖
- 2 杯牛奶
- 3 杯新鮮水果（漿果或無花果）

指示：

a) 在平底鍋中，將蛋黃和大部分糖攪拌在一起。攪拌直至混合物呈泡沫狀且光滑。
b) 加入檸檬皮肉桂棒。徹底混合。
c) 加入玉米澱粉和牛奶。在低溫下，攪拌直到混合物變稠。
d) 把鍋從烤箱裡拿出來。冷卻幾分鐘。
e) 將混合物放入小模子中備用。
f) 在冰箱中放置至少 3 小時。
g) 準備上菜時，將剩餘的糖淋在小模子上。
h) 將小模子放在鍋爐的底部架子上。讓糖融化，直到變成金黃色。
i) 作為裝飾，與水果一起食用。

14. 杏仁冰糕

品牌： 1 份

原料：

- 1 杯漂白杏仁；烤
- 2 杯泉水
- ¾杯糖
- 1 撮肉桂
- 6 湯匙淡玉米糖漿
- 2 湯匙杏仁酒
- 1 茶匙檸檬皮

指示：

a) 在食品加工機中，將杏仁磨成粉末。在一個大平底鍋中，混合水、糖、玉米糖漿、酒、果皮和肉桂，然後加入花生。

b) 用中火不斷攪拌，直到糖溶解並且混合物沸騰。煮沸 2 分鐘

c) 放在一邊冷卻 使用冰淇淋機，攪拌混合物直至半冷凍。

d) 如果您沒有冰淇淋機，請將混合物轉移到不銹鋼碗中並冷凍至變硬，每 2 小時攪拌一次。

15. 馬斯卡彭芝士提拉米蘇

品牌：6

原料：
- 4 個蛋黃
- ¼ 杯白糖
- 1 湯匙香草精
- ½ 杯攪打奶油
- 2 杯馬斯卡彭奶酪
- 30 個小手指
- 1.5 杯冰鎮咖啡，放在冰箱裡
- ¾ 杯弗蘭格利科利口酒
- 2 湯匙不加糖的可可粉

指示：

a) 在攪拌碗中，將蛋黃、糖和香草精攪拌在一起，直至呈奶油狀。

b) 之後，將淡奶油攪打至堅硬。

c) 混合馬斯卡彭奶酪和鮮奶油。

d) 在一個小攪拌碗中，將馬斯卡彭奶酪輕輕拌入蛋黃中，放在一邊。

e) 將酒與冷咖啡混合。

f) 立即將鬆脆餅浸入咖啡混合物中。如果女士手指太濕，它們會變得濕漉漉的。

g) 將一半鬆脆餅放在 9x13 英寸烤盤的底部。

h) 將一半的填充混合物放在上面。

i) 把剩下的鬆脆餅放在上面。

j) 蓋上盤子。之後，冷卻 1 小時。

k) 用可可粉撒粉。

16. 純素提拉米蘇

製作：6 份

原料：
- 1 杯硬豆腐，瀝乾並壓幹
- 8 盎司純素奶油芝士容器
- 1/2 杯純素香草冰淇淋，軟化
- 1 茶匙純香草精
- 1/3 杯加 1 湯匙超細糖
- 1/2 杯咖啡，冷卻至室溫
- 2 湯匙咖啡利口酒
- 1 個素食磅蛋糕，切成 1/2 英寸厚的薄片
- 1 湯匙不加糖的可可粉

指示：

a) 在食品加工機中，混合豆腐、奶油芝士、冰淇淋、香草和 1/3 杯糖。加工直至光滑並充分混合。

b) 在一個小碗中，混合咖啡、剩餘的 1 湯匙糖和咖啡利口酒。

c) 在一個 8 英寸見方的烤盤中鋪上一層蛋糕片，然後刷上一半的咖啡混合物。撒上一半的可可粉。將一半的豆腐混合物塗在蛋糕上。在豆腐混合物上再放一層蛋糕片。刷上剩餘的咖啡混合物，並用剩餘的豆腐混合物均勻塗抹。撒上剩餘的可可粉。食用前冷卻 1 小時。

17. 蝴蝶豌豆浸漬意式奶凍

品牌： 4 份

原料：

- 1/2 杯全脂牛奶
- 2 杯濃奶油
- 1/4 杯砂糖
- 3 張明膠
- 2 湯匙 幹蝶豆花
- 1/2 茶匙香草精

指示

a) 如果您打算將意式奶凍脫模放在盤子上，請在玻璃杯內部輕輕塗抹植物油，然後用紙巾擦去大部分油，只留下少量殘留物。否則，您可以讓它們不帶塗層。

b) 將吉利丁片浸泡在冷水中直至變軟。擱置。

c) 在一個中等大小的平底鍋中，加熱牛奶、濃奶油和糖直至文火煮沸，但不要煮沸。

d) 從火上移開。

e) 擠壓明膠以除去多餘的水並將其加入鍋中，不斷攪拌直至明膠融化。

f) 加入香草精和乾蝴蝶豌豆花。讓混合物浸泡 15 分鐘或直至混合物呈藍色。

g) 通過細篩過濾混合物並均勻地倒入準備好的模具中。冷藏至凝固至少 4 小時或過夜。

h) 要從模具中取出，將模具底部浸入一鍋熱水中 5 秒鐘，使意式奶凍鬆動。在邊緣滑動一把刀，然後小心地將其翻轉到盤子上。

i) 最好冷飲。

18. 香草椰子佈丁配木槿漿果醬

製作： 2 大份

香草椰子奶凍：

- 1 包顆粒狀明膠
- 3/4 杯椰奶
- 1 杯椰子奶油
- 1 杯濃奶油
- 2 湯匙糖粉
- 1/2 茶匙香草豆瓣醬

芙蓉莓醬

- 1/2 杯新鮮或冷凍混合漿果
- 4 朵幹芙蓉花
- 1/4 湯匙糖粉

指示

香草椰子奶凍：

a) 準備四個 4 盎司或更大的小模子、模具或玻璃杯，輕輕塗抹椰子油或植物油。如果你不把奶油布丁放在模具上，你可以跳過這一步。我用了 4 個法國酒杯作為模具。但您可以輕鬆地將它留在玻璃杯中食用。

b) 在一個小碗中，將明膠撒在 3 湯匙冷水中。混合併靜置軟化。

c) 在一個小平底鍋中用中火加熱，將椰奶和奶油一起加熱，直到邊緣開始冒泡。降低熱量並加入軟化的明膠，混合直至完全融化。

d) 將平底鍋從火上移開，準備一個裝有冰水的大碗。將椰子明膠混合物濾入一個稍小的碗中，然後將碗放入冰水中。用橡皮刮刀輕輕刮碗並混合，直到混合物變冷並開始變稠。如果混合物開始凝固，請立即將其移除。

e) 把大碗裡的冰水倒掉，擦乾淨。將濃奶油放入碗中，加入糖粉直至溶解。逐漸加入椰子明膠直至完全混合。盡量不要劇烈混合，以防止形成氣泡。

f) 將混合物倒入準備好的小模子、玻璃杯或模具中。放入冰箱至少 4 小時或直至凝固。

g) 要脫模您的意式奶凍，請在溫水下運行模具的側面，直到它開始變松。用你的手指輕輕地從邊緣拉出意式奶凍。然後，翻轉到您的盤子上。

芙蓉漿果醬：

h) 在一個小平底鍋中用中火加熱，將 1 杯水和糖粉混合在一起。煮沸，煮沸 1 分鐘。從火上移開，加入芙蓉花。放在一邊浸泡 30 分鐘。

i) 從糖漿中取出芙蓉花，丟棄或留作裝飾。將漿果放入鍋中，放回爐子上，加熱至中高溫。

j) 小火煮至稍微變稠。如果使用冷凍漿果，盡量不要攪拌太多，將漿果打碎或保留 1/4 的漿果，待醬汁開始變稠後加入。

k) 食用前將醬汁冷藏至少 2 小時。

19. 藍莓和丁香糖漿意式奶凍

品牌：2 份意式奶凍

原料：
丁香糖漿
- 1 杯丁香花
- 240 克 白砂糖
- 250 毫升水

意式奶凍
- 3 克吉利丁片
- 200 毫升奶油 全脂奶油
- 80 克藍莓
- 30 克丁香糖漿
- 40 克白砂糖

藍莓果醬
- 100 克新鮮藍莓
- 30 克白砂糖
- 10 毫升 檸檬汁

白巧克力甘那許
- 60 克全脂奶油
- 100 克白巧克力

用於電鍍
- 每盤 5-8 個藍莓
- 一小把丁香花

丁香糖漿

a) 從莖上取下單獨的丁香花。一定要只取紫色的花，丟棄所有棕色的花和綠色的莖。清洗丁香花。

b) 將花、糖和水放入平底鍋中。開中火，用文火慢燉，繼續慢燉 10 分鐘。通過金屬絲過濾器遠離熱源和應變。用金屬勺子的背面盡可能多地擠出花朵的顏色和味道。

c) 讓糖漿冷卻至室溫，然後冷藏。可以提前一周製作。

意式奶凍

d) 將明膠片放入足夠的冷水中以覆蓋片材。如果您以前沒有使用過它們，請不要擔心明膠片會溶解，它們會在冷水中像片一樣粘在一起，但會變得鬆軟。

e) 將奶油、藍莓、丁香糖漿和糖放入平底鍋中。中火加熱至幾乎沸騰。當您開始看到氣泡時，將其從熱源中取出並用棒式攪拌器攪拌至光滑。回到中火，用文火燉。遠離熱源。

f) 從水中取出明膠片並抖掉多餘的水。加入熱奶油中，輕輕攪拌直至溶解並充分混合。

g) 通過金屬絲過濾器過濾奶油布丁混合物。倒入模具中，不蓋蓋子冷卻至室溫。這至少需要一個小時。一旦達到室溫，蓋上蓋子並放入冰箱過夜。可以提前幾天製作。

藍莓果醬

h) 在上菜當天製作藍莓果醬。將藍莓、糖和檸檬汁加入平底鍋中，用棒式攪拌機攪拌至順滑。中火加熱，用文火慢燉，直到果醬變稠。類似於傳統果醬的稠度但不干燥。

i) 放在一邊冷卻至室溫。

甘那許

j) 將巧克力切成小塊或刨花，放入乾淨的碗中。擱置。

k) 將奶油放入小平底鍋中。用中火慢燉。不要把你的眼睛從它身上移開。奶油很快就會沸騰。從熱源中取出並將其攪拌到白巧克力中。繼續攪拌，直到巧克力完全溶解，得到順滑的甘納許。倒入一個小的傾倒容器中。每位客人的個人容器都經過深思熟慮，但如果在共用容器中，為剩餘的甘納許而戰會讓事情變得有趣。

l) 就餐時間而言，甘那許盡量接近上菜時間。我把裝有奶油的平底鍋放在冰箱裡，我把刨好的巧克力放在碗裡，在室溫下準備好等待。主菜吃完後，我快速製作甘那許並將其倒入上菜容器中。然後我把奶油布丁放在盤子裡。

電鍍

m) 確保您的器具、盤子和所有配料都已冷卻至室溫。將任何熱的東西放在意式奶凍上面或下面會使它融化。清洗新鮮的丁香花和藍莓，然後將它們放在毛巾上晾乾。

n) 要從模具中取出意式奶凍，請拿一把鋒利的刀。將意式奶凍側放，將刀尖放在模具內部和意式奶凍之間。慢慢地把刀推進去，小心不要刺破奶油布丁。意式奶凍的重量會開始將其從模具邊緣拉開，讓重力幫助您。一旦它開始剝落，開始逐漸滾動模具，直到它從邊緣完全剝落。保持模具側放。

o) 將盤子靠在模具的開口上，同時保持側放，正好是您希望奶油布丁放在盤子上的位置，然後將模具倒置，盤子在下面。就像你會變成果凍一樣。如果您無法將它們取出，您可以快速將模具底部浸入非常熱的水中，注意不要讓任何水進入意式奶凍。

p) 用一個小勺子，在每個意式奶凍上放一些果醬。使用勺子的背面，小心地將果醬塗抹到意式奶凍的邊緣。

q) 用藍莓和鮮花裝飾每個盤子。我經常把其中一個藍莓的底部三分之一切掉，這樣它看起來就淹沒在奶油布丁的頂部了。

r) 別忘了把甘那許放在桌子上！

20. 蜂蜜洋甘菊意式奶凍

製作：4 份

原料：

- 1/2 杯全脂牛奶
- 2 杯濃奶油
- 1/4 杯砂糖
- 3 張明膠
- 1/2 茶匙香草精
- 1 杯幹洋甘菊花
- 蜂蜜，打頂

指示

a) 如果您打算將意式奶凍脫模放在盤子上，請在玻璃杯內部輕輕塗抹植物油，然後用紙巾擦去大部分油，只留下少量殘留物。否則，您可以讓它們不帶塗層。

b) 將吉利丁片浸泡在冷水中直至變軟。擱置。

c) 在一個中等大小的平底鍋中，加熱牛奶、濃奶油和糖，直至文火煮沸。

d) 從火上移開。

e) 擠壓明膠以除去多餘的水並將其加入鍋中，不斷攪拌直至明膠融化。

f) 加入香草精和乾洋甘菊花。讓混合物浸泡 10-15 分鐘。

g) 通過細篩過濾混合物並均勻地倒入準備好的模具中。冷藏至凝固至少 4 小時或過夜。

h) 要從模具中取出，將模具底部浸入一鍋熱水中 5 秒鐘，使意式奶凍鬆動。在邊緣滑動一把刀，然後小心地將其翻轉到盤子上。

21. <u>玫瑰酸奶布丁</u>

品牌： 2 份

原料：

- 1/2 杯鮮奶油
- 1/2 杯酸奶
- 1 湯匙糖
- 3 湯匙 玫瑰糖漿
- 1/4 茶匙 玫瑰色
- 1.5 茶匙瓊脂
- 1 湯匙水
- 幾滴玫瑰精華
- 開心果

指示：

a) 在一個大碗中混合酸奶、1 湯匙奶油、玫瑰糖漿和玫瑰香精，攪拌至均勻順滑。

b) 在一個小碗中，將瓊脂粉攪拌到溫水中直至混合。

c) 在小平底鍋或平底鍋中，用中低火加熱剩餘的奶油和糖，經常攪拌。糖溶解後，加入瓊脂粉混合物並繼續攪拌，直到混合物變熱並慢慢沸騰但不沸騰。大約需要 1-2 分鐘。確保不要煮沸這種混合物。

d) 現在將這種混合物倒入酸奶混合物中，攪拌均勻。您需要更快地完成此操作，因為瓊脂將開始凝固。

e) 將這種意式奶凍混合物放入塗有油脂的碗或矽膠碗中，然後放入冰箱冷藏至凝固或至少冷藏 4 小時。

f) 將小模子中的玫瑰酸奶布丁脫模，在上面撒上切碎的開心果。

22. Gulab 意式奶凍

原料：

- 2 杯鮮奶油
- 1/4 杯玫瑰糖漿
- 2 1/2 茶匙瓊脂瓊脂明膠
- 1/4 杯糖粉
- 根據需要 Falooda 服務
- 根據需要裝飾用甜玫瑰奶油
- 根據需要 用於裝飾的小果凍塊
- 8-10 片新鮮玫瑰花瓣
- 1/2 杯糖
- 1/2 茶匙液體葡萄糖

指示：

a) 取一湯匙水放入碗中。加入吉利丁並放置一旁使其凝固。在不粘鍋中加熱奶油並煮沸。加入糖粉並充分混合。將凝固的吉利丁放入微波爐中加熱 30 秒，然後加入奶油中，攪拌均勻並煮至明膠完全溶解。

b) 將混合物過濾到另一個碗中，加入玫瑰糖漿並攪拌均勻。將混合物倒入玻璃烤盤中。冷藏 2-3 小時或直至凝固。

c) 為了使玫瑰變脆，加熱不粘鍋，加入糖和少量水，讓糖融化，大致切碎玫瑰花瓣。將液體葡萄糖加入鍋中並充分混合。加入切碎的玫瑰花瓣並混合。將混合物倒在矽膠上鋪墊，攤開並冷卻直至凝固。

d) 使用中等大小的曲奇刀將意式奶凍切成圓形並脫模。

e) 將 pannacotta roundels 放在淺盤上，在兩側放一些脆片，保留一些用於裝飾。在 pannacotta 的一側放一些 falooda，用一些脆片裝飾並在上面淋上一些玫瑰糖漿。裝飾一些甜玫瑰奶油、玫瑰果凍、色彩繽紛的食用花卉、花瓣，立即上桌。

23. 姜玫瑰奶油布丁

製作： 4 份

原料：
- 1 杯牛奶
- 1/2 杯奶油
- 1/4 杯糖或根據口味
- 1/4 杯姜切碎
- 1 茶匙玫瑰精華
- 檸檬皮 少許
- 10 克瓊脂

指示：

a) 將瓊脂浸泡在水中 15-20 分鐘。

b) 將牛奶放入平底鍋中，加入奶油、糖，混合併用文火煮沸。

c) 加入生薑和檸檬皮，煮幾分鐘。

d) 蓋上並關閉。讓它靜置 20 分鐘。

e) 現在過濾混合物。

f) 放回平底鍋中，用文火煮。

g) 同時將泡好的瓊脂和水一起放入鍋中，用文火煮至瓊脂融化。將其添加到上述混合物中。

h) 煮至全部混合均勻。關掉並加入玫瑰精華。混合。涼快一點。

i) 取任何模具，慢慢倒入意式奶凍混合物。

j) 放在冰箱裡直到凝固。

k) 脫模並與任何醬汁或糖漿一起食用。在這裡，我配上了草莓醬。

24. 迷你提拉米蘇鬆糕

製作：6 份

原料：

馬斯卡彭餡料
- 20 盎司馬斯卡彭奶酪
- 3 湯匙糖
- 1 杯濃奶油，冷的
- ½杯糖粉
- 1 茶匙香草精

濃縮咖啡浸泡的手指
- ¾杯熱水
- 3 湯匙速溶濃縮咖啡粉
- 3 湯匙糖
- 36 個軟鬆脆餅

甘露鮮奶油
- ½ 杯濃奶油
- ¼杯糖粉
- 2 湯匙卡魯瓦

指示：

a) 混合馬斯卡彭奶酪和糖直至混合。不要過度混合，否則馬斯卡彭奶酪會變稀。擱置。

b) 在另一個碗中，加入濃稠的攪打奶油、糖粉和香草精，攪打至形成硬性發泡。

c) 小心地將生奶油拌入馬斯卡彭奶酪混合物中。擱置。

d) 在另一個碗中，混合熱水、濃縮咖啡粉和糖。

e) 要將鬆糕分層，請將鬆脆餅一次一個浸入濃縮咖啡混合物中，然後將它們放入鬆糕杯的底部。使用兩到三個鬆脆餅，根據需要將它們分成幾塊，以便它們適合杯子並形成一個完整的層。

f) 用管子或勺子在鬆脆餅上塗上一層馬斯卡彭奶酪。

g) 重複另一層鬆脆餅和馬斯卡彭餡料。

h) 完成這些瑣事後，製作淡奶油。

i) 將濃奶油、糖粉和 Kahlua 加入大攪拌碗中，攪拌直至形成堅硬的尖峰。

j) 在每個小蛋糕上擠上一圈鮮奶油，然後根據需要撒上可可粉。

k) 冷藏瑣事，直到準備好服務。

25. 提拉米蘇冰淇淋

品牌：8

原料：

- 2 ½ 杯奶油
- 2 杯全脂牛奶
- 1 香草豆，縱向減半，種子刮掉
- 8 個大蛋黃
- ¾ 杯糖
- ¼ 茶匙鹽
- 20 鬆餅，加上更多的服務
- ¼ 杯濃咖啡冷卻
- ¼ 杯杏仁酒
- ½ 杯優質軟糖醬

指示：

a) 將奶油、牛奶、香草豆屑和豆莢混合在平底鍋中，用中火加熱至熱但不沸騰。

b) 從熱源中取出並冷卻約 30 分鐘。

c) 將蛋黃、糖和鹽混合在一個大碗中，攪拌直至混合物體積增加三倍，變得濃稠呈奶油狀。

d) 將攪拌機速度降至中低，然後將牛奶混合物慢慢倒入其中。

e) 將混合物倒回平底鍋，用中火煮，不斷攪拌，直到它的稠度足以覆蓋勺子的背面。

f) 將混合物通過網篩過濾到置於冰水浴中的碗中。

g) 將混合物通過網篩倒入置於冰水浴中的碗中。

h) 在冰箱中冷藏至少一小時。

i) 在冰淇淋機中冷凍。

j) 當混合物凍結時，準備鬆脆餅。混合等量的苦杏酒和濃咖啡，然後快速將鬆脆餅浸入混合物中，使鬆脆餅完全浸透但保持鬆脆。

k) 在將碗轉移到冰箱或進食之前，拌入軟糖醬和浸泡過的鬆脆餅。

l) 放入冰箱冷藏至凝固。

m) 上桌時，將幾個鬆脆餅放入碗中，淋上咖啡和苦杏仁混合物，然後在上面放上提拉米蘇冰淇淋。

26. 提拉米蘇撻

製作：6 份

原料：

對於地殼：

- 4 茶匙糖粉
- 2 茶匙荷蘭加工可可粉
- 2 湯匙通用麵粉
- ½ 茶匙玉米澱粉
- ¼ 茶匙速溶濃縮咖啡粉
- 鹽少許
- 1.5 湯匙冷無鹽黃油，切成小方塊
- 飛濺的香草精

填充物：

- 3 盎司馬斯卡彭奶酪，室溫下
- 2 湯匙糖
- 1.5 湯匙馬沙拉
- 飛濺的香草精

裝飾用：

- 一小塊半甜或苦甜巧克力，或荷蘭加工可可粉

指示：

a) 將糖粉、可可粉、通用麵粉、玉米澱粉、濃縮咖啡粉和鹽放入迷你食品加工機中。脈衝幾次以結合。

b) 加入冷黃油塊和香草，攪拌直至形成小麵包屑。

c) 將餡料分成兩個 3 ½ 英寸的餡餅平底鍋，然後用圓形湯匙的背面將麵包屑壓到底部和兩側。放入冰箱至少 15 分鐘。

d) 將烤箱預熱至 325 度。

e) 將撻盤放在烤盤上烤 8 到 10 分鐘。放在金屬架上完全冷卻。

f) 在一個小碗中，將奶油芝士、糖、馬沙拉和香草一起攪拌至順滑。

g) 將餡料分成兩個冷卻的外殼。

h) 裝飾時，磨碎一點半甜或苦樂參半的巧克力，或者在每個餡餅上篩一點荷蘭加工可可。

27. 白巧克力提拉米蘇布丁杯

製作：6 份

原料：

- 10 個意大利女士手指
- ½ 杯煮好的咖啡，冷卻，分開
- 4 盎司馬斯卡彭奶酪，軟化
- 1.5 杯牛奶
- 3.9 盎司包裝的白巧克力香草豆即食布丁混合物
- 8 盎司裝攪打麵層的容器，分開
- 白巧克力屑，可選擇的

指示：

a) 將手指手指放入塑料拉鍊袋中，用木槌或擀麵杖將它們壓碎，直到形成粗麵包屑。

b) 將麵包屑均勻地分成 6 個小盤子。用茶匙在 ¼ 杯咖啡中撒上手指麵包屑。每道菜大約需要 2 茶匙咖啡。

c) 將馬斯卡彭奶酪、牛奶、¼ 杯咖啡和布丁混合物放入攪拌機中，以中速攪拌至順滑，大約需要 30 秒。

d) 使用橡皮刮刀將布丁混合物轉移到一個大碗中。折疊 ½ 的攪打麵層。

e) 用勺子或管子將餡料均勻地放在 6 個盤子之間。蓋上蓋子冷藏 4 小時，或過夜。

f) 上菜前，在上面撒上剩餘的鮮奶油和白巧克力屑。

28. 檸檬提拉米蘇

使：8-10

原料：
- 2 個檸檬、果汁和檸檬皮
- 4 湯匙白蘭地或 4 湯匙白朗姆酒
- 4 盎司細砂糖，被分割的
- 9 盎司小包海綿蛋糕手指
- 兩個 9 盎司容器的馬斯卡彭奶酪
- 4 -5 湯匙檸檬凝乳
- 2 個大雞蛋，分開
- 150 毫升奶油
- 1 個檸檬，切碎，與一些德默拉拉糖混合精細磨碎

指示：

a) 在淺碗中混合檸檬汁、白蘭地和 2 盎司糖。

b) 放在一邊，讓糖有時間溶解。

c) 準備一個 9 寸的彈簧鍋；用羊皮紙在底部劃線。

d) 在一個非常乾淨的碗中，使用乾淨的攪拌器攪拌蛋清，直到它們形成柔軟的尖峰，開始時緩慢，逐漸加快。

e) 將奶油也攪打至軟性發泡。

f) 將剩餘的糖、馬斯卡彭奶酪、檸檬凝乳、蛋黃和檸檬皮屑一起攪拌。

g) 然後將奶油拌入馬斯卡彭奶酪混合物中，然後用金屬勺拌入蛋清。

h) 攪拌檸檬/白蘭地混合物，將手指浸入，將它們放在盤子底部，再在餅乾上灑一些額外的液體，通常就足夠了。

i) 用勺子將一半的馬斯卡彭混合物倒在餅乾上，將剩餘的手指蘸一下並放在上面，如果還有的話，再撒上白蘭地檸檬汁，然後再撒上剩下的馬斯卡彭。

j) 使用調色刀將頂部調平，蓋上蓋子，然後在冰箱中放置過夜。

k) 食用時，如果使用的話，將檸檬/糖混合物撒在上面，從罐頭中取出，放在盤子上，然後切成楔形。

29. 南瓜香料提拉米蘇派

製作：一個 9 英寸餡餅

原料：
- 1.5 杯濃奶油
- 2 個大雞蛋，分開
- ⅓ 杯加 1 湯匙糖
- 1 杯馬斯卡彭奶酪，室溫下
- ½ 杯罐裝南瓜泥
- 1.5 茶匙南瓜派香料
- 1.5 杯煮好的濃縮咖啡，在室溫下
- 5.3 盎司包裝的鬆脆餅
- 苦樂參半或半甜巧克力，用於剃須

指示：

a) 在裝有攪拌器附件的立式攪拌機的碗中，以中高速攪拌奶油，直到形成硬峰；轉移到一個小碗裡冷藏。

b) 在裝有清潔的攪拌器附件的立式攪拌機的清潔碗中，高速攪拌蛋清，直到形成軟峰。加入 1 湯匙糖並攪拌直至形成硬峰；轉移到一個小碗裡。

c) 在裝有清潔過的攪拌器附件的清潔過的立式攪拌機碗中，將蛋黃和剩餘的 ⅓ 杯糖高速攪拌在一起，直至變稠並呈淡黃色。將馬斯卡彭奶酪、南瓜泥、南瓜派香料和三分之一的鮮奶油輕輕拌入蛋黃混合物中。輕輕拌入攪打好的蛋清並冷藏。

d) 將意式濃縮咖啡放在淺盤上。將鬆脆餅的兩面浸入濃縮咖啡中，然後將它們放在一個 9 英寸的餡餅盤中，使其完全排在底部。在上面放上一半的南瓜混合物，更多的意式濃縮咖啡蘸手指餅乾，以及剩下的南瓜混合物。在餡餅上放上剩餘的鮮奶油和巧克力屑。冷藏 8 小時或最多過夜，直到可以食用為止。

30. <u>提拉米蘇百日咳派</u>

製作：6 份

原料：

餅乾：

- 2 杯杏仁粉
- 3 湯匙無味乳清蛋白
- ½ 杯羅漢果粒狀甜味劑
- 2 茶匙泡打粉
- ½ 茶匙小蘇打
- ½ 茶匙鹽
- ½ 杯黃油切成小方塊
- ½ 杯低碳水化合物糖替代品或 ½ 杯您最喜歡的低碳水化合物甜味劑
- 2 個大雞蛋
- 1 茶匙香草精
- ½ 杯全脂酸奶油
- 撒粉用可可粉

填充：

- ¼ 杯冷意式濃縮咖啡或濃咖啡
- 1 湯匙黑朗姆酒
- 8 盎司馬斯卡彭奶酪
- 2 湯匙低碳水化合物代糖
- 鹽少許
- ½ 杯濃奶油
- 2 茶匙香草精
- 2 茶匙 黑朗姆酒 可選或與您選擇的酒混

指示：

a) 將烤箱預熱至 350 °F。用不粘噴霧噴灑百日咳餡餅盤。

b) 在碗中混合杏仁粉、蛋白粉、紅糖甜味劑、泡打粉、小蘇打和鹽。擱置。

c) 用攪拌器以中高速攪拌黃油和糖，直至呈奶油狀；大約 2 分鐘。

d) 加入雞蛋和 1 茶匙香草，攪拌直至混合。刮下碗的兩側。加入酸奶油，然後乾燥混合物。

e) 用小茶匙將麵糊舀入每個百日咳派模具中，填滿大約 ⅔ 的空間。將一些可可粉放入一個小過濾器中，然後在每個麵糊勺上撒一點可可粉。

f) 烘烤至邊緣呈金黃色，大約 10-12 分鐘。

g) 在金屬架上冷卻約 10 分鐘，然後將餅乾從鍋中取出並冷卻。

h) 冷卻後，將餅乾倒置在架子上。

i) 在小碗中混合濃縮咖啡和 3 湯匙黑朗姆酒。在每個餅乾的底部塗上大約 ¼ 茶匙的濃縮咖啡液。

j) 用攪拌器將馬斯卡彭奶酪、低碳水化合物代糖、鹽、濃奶油香草和 1 噸黑朗姆酒攪打至順滑。將一些馬斯卡彭奶酪混合物舀到一半的巧克力餅乾上。將另一半餅乾放在上面。

k) 立即食用或放入冰箱。

31. 苦杏仁奶油卷

品牌：6 份

原料：

- 2¾ 杯通用麵粉；篩選
- 2 湯匙糖
- ¼ 杯 黃油
- 1 個雞蛋；毆打
- ⅔杯馬沙拉酒；或雪利酒或甜酒
- 1 個蛋清
- 油; 用於油炸
- 1 磅意大利乳清乾酪
- 2 杯糖果糖；篩選
- ⅓杯蜜餞；切細（與蜜餞櫻桃混合）
- 2 盎司苦甜巧克力片
- 2 湯匙苦杏酒；或黑櫻桃利口酒

指示：

a) 混合麵粉和糖，切入黃油。逐漸加入雞蛋和酒，然後將混合物揉成球狀。揉麵團直到光滑，大約 5 分鐘。

b) 蓋上蓋子靜置至少 1 小時。

c) 填充：將意大利乳清乾酪通過篩子壓入攪拌碗中。加入糖，保留 2 湯匙。加入蜜餞、櫻桃和巧克力片。放入冰箱冷藏。

d) 同時在撒了麵粉的表面上，將麵團擀成直徑約 4 英寸的薄紙圓形。將刷過橄欖油的奶油捲管（見下文）包裹起來。在翻蓋上刷上蛋清以密封。

e) 將油加熱至 380 F，然後油炸麵團。用幾層紙巾吸乾水分。冷卻，然後小心地滑出金屬管。準備好發球時，而不是之前，因為麵團會變濕，從糕點袋最大的噴嘴中擠出餡料。

f) 在每一端的餡料中放入幾塊巧克力片。

g) 用剩餘的糖粉撒上灰塵並立即食用。

32. [西西里香腸](#)

品牌： 12 份

原料：
貝殼：
- 2 杯通用麵粉
- 2 湯匙起酥油
- 1 茶匙糖
- ¼ 茶匙鹽
- ¾ 杯葡萄酒、馬沙拉、勃艮第或夏布利
- 植物油

填充：
- 3 杯意大利乳清乾酪
- ½ 杯糖果糖
- ¼ 杯肉桂
- ½ 廣場不加糖
- 巧克力磨碎或
- ½ 湯匙可可粉（可選）
- ½ 茶匙 香草
- 3 湯匙柚子皮，切碎
- 3 湯匙橙皮，蜜餞，切碎
- 6 顆糖霜櫻桃，切碎

指示：

a) 殼：將麵粉、起酥油、糖和鹽混合，逐漸用酒潤濕，用手指揉在一起，直到形成較硬的麵團或糊狀物。揉成球狀，蓋上布，靜置約 1 小時。

b) 將麵團切成兩半，將一半麵團擀成約 ¼ 英寸厚的薄片。

c) 切成 4 英寸的正方形。將金屬管從一個點到另一個對角地穿過每個正方形，通過將兩個點重疊並用少許蛋清密封重疊點來將麵團包裹在管周圍。

d) 同時在大深鍋中加熱植物油進行油炸。一次將一根或兩根管子放入熱油中。輕輕煎至麵團呈金黃色。

e) 從鍋中取出，冷卻並輕輕地從金屬管中取出外殼。

f) 將貝殼放在一邊冷卻。重複此過程，直到製作完所有外殼。

g) 餡料：將意大利乳清乾酪與過篩的干原料充分混合。加入香草和果皮。混合均勻。（如果需要，可以添加一點磨碎的開心果）。在填充貝殼之前先冷藏冰箱。

h) 填滿冷奶油蛋捲殼；在殼的每一端均勻地填充。用一塊糖霜櫻桃裝飾每一端，並在貝殼上撒上糖果糖。冷藏直到可以食用。

i) 如果在您的公司到達之前就填滿這些是最好的。

33. 卡諾利奶油披薩

製作：1 份

原料：
- 甜點披薩殼
- 1 杯糖果糖
- 6 杯意大利乳清乾酪，瀝乾
- 1¼ 杯蜜餞，切碎
- 2 茶匙香草精
- 2 盎司半甜微型巧克力片
- 無鹽開心果，粗碎
- 無糖可可粉

指示：

a) 在食品加工機或攪拌碗中，將糖果糖與意大利乳清乾酪一起攪打至光滑和奶油狀。

b) 加入蜜餞、香草和巧克力片。使用前冷藏、蓋滿兩到三個小時。

c) 在烤好的披薩殼上放一層奶油奶油。

d) 將切碎的開心果撒在奶酪上。如果需要，用可可粉輕輕撒上灰塵。

34. 奶油餡餅

製作：1 份

原料：
- 1.5 磅意大利乳清乾酪
- 1½ 杯糖果糖
- 3 湯匙濃奶油
- 12 顆櫻桃，四分之一
- 2 盎司貝克的甜巧克力
- 2 盎司杏仁片
- 1 準備好的巧克力外殼
- 磨碎的麵包師甜巧克力

指示：

a) 在大攪拌碗中混合意大利乳清乾酪、糖果糖和濃奶油；充分混合直至光滑和奶油狀。

b) 加入櫻桃、2 盎司巧克力和杏仁；攪拌混合。

c) 倒入準備好的地殼中。如果需要，可以撒上磨碎的巧克力進行裝飾。

d) 上菜前用箔紙覆蓋並冷凍 3 小時。（如果餡餅變硬，可以在上菜前稍微軟化。

35. 兒童奶油卷

製作：10 份

原料：
- 15 盎司 部分脫脂乳清乾酪
- ⅔ 杯糖果糖
- ½ 茶匙磨碎的橙皮
- ½ 茶匙香草精
- 2 湯匙微型巧克力片
- 10 個甜筒冰淇淋

指示：

a) 在一個帶電動攪拌器的大碗中，將乳清乾酪、糖、橙皮和香草攪打至順滑。拌入巧克力片。蓋上蓋子並冷藏 30 分鐘。

b) 食用時，用勺子將混合物直接倒入冰淇淋蛋筒或不用尖頭的裝飾袋中，然後用管子擠入蛋筒中。

36. 奶油蛋捲殼和餡料

製作：1 份

原料：

- 1½ 杯麵粉
- ½ 茶匙泡打粉
- 1 個蛋清
- ¼ 茶匙鹽
- 2 湯匙黃油
- 8 盎司意大利乳清乾酪
- ½ 杯鮮奶油
- ¼ 杯糖粉
- 1 茶匙香草
- ¼ 杯微型巧克力片

指示：

a) 篩麵粉、鹽和泡打粉。切入黃油；揉好。在撒了麵粉的案板上，將麵團擀成 1/16 英寸厚。切成 4 英寸的正方形。

b) 用擀麵杖，把正方形擀成橢圓形。將每個橢圓形包裹在 Cannoli 管周圍。用蛋清封邊。在 350 度油中一次煎 2 個 1 到 2 分鐘。用筷子夾住管子瀝乾。冷卻 5 分鐘。小心取出管子。製作 12 個砲彈。

c) 餡料：在攪拌機中混合奶酪、奶油、糖和香草。加入巧克力片。填充 Cannoli 殼。撒上糖粉。用巧克力糖漿裝飾。填充 12 個貝殼。

37. 提拉米蘇芝士蛋糕

品牌:12

原料:
脆皮:
- 12 盎司包裝的鬆脆餅
- ¼ 杯無鹽黃油,融化
- 2 湯匙咖啡味利口酒

填充:
- 三包 8 盎司軟化奶油芝士
- 8 盎司容器的馬斯卡彭奶酪軟化
- 1 杯白糖
- 2 湯匙咖啡味利口酒
- ¼ 杯通用麵粉
- 2 個大雞蛋
- 1 茶匙重奶油,或根據需要更多
- ¼ 盎司半甜巧克力

指示：

a) 將烤箱預熱至華氏 350 度。

b) 將一盤水放在最低的烤箱架上。

c) 製作外皮：將鬆脆餅壓成細碎屑。將麵包屑放入盛有融化黃油和咖啡味利口酒的碗中；攪拌均勻。壓入 9 英寸彈簧盤的底部。

d) 製作餡料：在一個大碗中用電動攪拌器將奶油芝士、馬斯卡彭芝士和糖攪打至非常順滑，需要 2 到 3 分鐘。刮下碗的兩側，加入咖啡味利口酒。加入麵粉和雞蛋；低速混合直到光滑。如果麵糊看起來太稠，加入濃奶油。把麵糊倒在麵包皮上。

e) 在預熱烤箱的中央架子上烘烤 40 到 45 分鐘，直到剛剛凝固。

f) 打開烤箱門，關掉暖氣，將芝士蛋糕放在中央架子上冷卻 20 分鐘。從烤箱中取出，轉移到金屬絲架上，再完全冷卻約 30 分鐘。

g) 冷藏至少 3 小時，或過夜。

h) 準備上桌時，將半甜巧克力磨碎放在上面。將餐刀的刀尖繞過鍋的邊緣，然後打開並取下側面。輕輕地將芝士蛋糕從平底鍋底部滑落到盤子上。

38. 芒果米蘇

製作：6 份

原料：
- 500 克馬斯卡彭奶酪
- 600 毫升濃稠奶油
- ⅓ 杯糖粉
- 2 個蛋黃
- 1 顆香草豆，劈開，刮掉種子
- ½ 杯金萬利
- 2 個橙汁
- 300 克鬆餅
- 3 個芒果，果肉切成 1 厘米厚
- 樹莓醬
- ¼ 杯細砂糖
- 250 克新鮮覆盆子或冷凍覆盆子
- 1 個檸檬汁

指示：

a) 在 22 厘米的彈簧蛋糕盤底部鋪上保鮮膜或烘焙紙。將馬斯卡彭奶酪、濃奶油、糖粉、蛋黃和香草籽放入電動攪拌機的碗中，高速攪拌直至濃稠並充分混合。

b) 將金萬利和橙汁混合在一個單獨的碗中。將一半的海綿手指浸入果汁混合物中，然後鋪在蛋糕盤底部。撒上三分之一的馬斯卡彭混合物，然後在上面撒上三分之一的芒果片。重複這個過程，然後在上面放上剩餘的馬斯卡彭混合物，保留剩餘的芒果片即可食用。蓋上蛋糕並冷藏 2 小時或直至變硬。

c) 與此同時，對於覆盆子醬，將糖和 2 湯匙水放入小平底鍋中，中火加熱，攪拌使糖溶解。稍微冷卻，然後加入漿果和檸檬汁。在食品加工機中打至光滑，然後過篩。冷卻直到可以食用。

d) 服侍時，小心地取下蛋糕盤的側面和底部，然後將芒果米蘇轉移到盤子裡。

e) 用保留的芒果卷裝飾，然後切片並與漿果醬一起食用。

39. 抹茶提拉米蘇

品牌：9

原料：

現煮咖啡

a) ¾ 杯煮好的咖啡

b) 1 湯匙苦杏仁可選

馬斯卡彭奶油

c) ⅓杯煉乳

d) 1 湯匙抹茶粉

e) 3 個蛋黃

f) 8 盎司馬斯卡彭奶酪

g) 2 湯匙煮好的咖啡

h) 1 茶匙香草精

i) 1 杯濃奶油

提拉米蘇大會

j) 40 個鬆餅

k) 1 湯匙抹茶粉

指示：

a) 將煮好的咖啡與苦杏酒混合在一個碗中。擱置。

b) 將煉乳和抹茶混合，直至呈均勻的綠色。將抹茶粉篩入煉乳中。

c) 接下來，做你的馬斯卡彭餡料。將幾杯水放入小平底鍋中慢燉。

d) 將蛋黃和抹茶煉乳加入碗中。把碗放在沸騰的水上面，攪拌直到雞蛋混合物變成淺綠色。從火上移開。

e) 將馬斯卡彭奶酪、煮好的咖啡和香草精加入雞蛋混合物中，攪拌均勻。

f) 攪打濃奶油直到變硬。將奶油輕輕折疊到步驟 5 的馬斯卡彭混合物中。擱置一旁。

g) 現在是組裝提拉米甦的時候了。將手指輕輕浸入煮好的咖啡中，然後將其放入 9×9 的烤盤中。重複這個過程，直到底部排滿鬆脆餅。

h) 將一半的馬斯卡彭奶油舀到手指上。把它均勻地鋪在女士手指上。用第二層女士手指和第二層馬斯卡彭奶酪重複這個過程。

i) 將抹茶粉篩在第二層馬斯卡彭奶油上。

j) 將提拉米蘇蓋好，放入冰箱。讓它在冰箱中放置 6 小時或過夜。為了獲得最佳風味和質地，請將其放在冰箱中過夜。

40. 巧克力焦糖慕斯提拉米蘇

品牌：12

原料：

h) 400 克黑巧克力，切碎

i) 400 克牛奶巧克力，切碎

j) 6 個雞蛋，分開

k) 1 ½ 片鈦強度明膠葉，在冷水中軟化 5 分鐘

l) 900ml 濃稠奶油

m) 2 茶匙香草豆瓣醬

n) ½ 杯細砂糖

o) 1 杯咖啡利口酒

p) 400 克鬆脆餅乾

q) 可可，除塵

焦糖慕斯

r) 800 毫升濃稠奶油

s) 2 片鈦強度明膠葉，在冷水中軟化 5 分鐘

t) 2 x 250 克商店購買的牛奶焦糖，輕輕打散

指示：

a) 將巧克力放入一個耐熱碗中，碗中放置一鍋沸騰的水，攪拌至融化光滑。稍微冷卻，然後轉移到帶有槳葉附件的立式攪拌機。

b) 加入蛋黃。

c) 將 300 毫升奶油放入小平底鍋中，用小火慢燉。從明膠中擠出多餘的水並攪拌到奶油中直至融化並混合。分 3 批，加入巧克力混合物，直至順滑。轉移到一個乾淨的大碗裡。

d) 將剩餘的 600 毫升奶油與香草一起攪拌至硬性發泡。寒意。

e) 將蛋清放入帶有攪拌器附件的立式攪拌機中，攪拌至硬性發泡。加糖，一次 1 湯匙，攪拌直至溶解，混合物呈光澤狀。

f) 將攪打好的奶油拌入巧克力混合物中，然後分兩批加入攪打好的蛋白。冷卻直到準備好組裝。

g) 對於焦糖慕斯，將 200 毫升奶油放入小平底鍋中，用小火慢燉。從明膠中擠出多餘的水並攪拌到奶油中直至融化並混合。稍涼。將剩餘的 600 毫升奶油放入帶有打蛋器附件的立式攪拌機中，打至軟性發泡。加入鬆散的牛奶焦糖和明膠混合物直至混合。冷卻 30 分鐘。

h) 將咖啡利口酒放入一個寬碗中。將一半的鬆脆餅乾浸入利口酒中，然後將它們雙層放置在 6 升的盤子底部。用勺子舀出一半的巧克力慕斯。將剩餘的餅乾浸入利口酒中，然後將它們雙層排列在慕斯上。頂部塗上焦糖慕斯，用調色刀將頂部抹平。冷藏 2-3 小時直至凝固。將剩餘的巧克力慕斯放入裝有 1cm 普通噴嘴的裱花袋中，冷藏直至可以使用。

i) 將剩餘的巧克力慕斯擠在焦糖慕斯的頂部。冷藏 4-5 小時或過夜直至凝固。撒上可可粉，即可食用。

41. 提拉米蘇奶油罐

品牌：8

原料：

- 2 杯細砂糖
- 12 個蛋黃
- 2 顆香草豆，劈開，刮掉種子
- 1.2 升純奶油，外加 ¼ 杯
- 2 湯匙速溶咖啡顆粒
- 50 克無鹽黃油，切碎
- 4 塊海綿手指餅乾，弄碎
- 2 湯匙弗蘭格利科
- 1 湯匙切碎的榛子
- 400 克優質馬斯卡彭
- 1 茶匙香草精
- 優質可可粉，去塵

指示：

a) 將烤箱預熱至 140°C。

b) 將糖和蛋黃放入碗中攪拌至顏色變淺。

c) 將香草豆莢和種子放入裝有奶油和咖啡的大平底鍋中，煮至略低於沸點，攪拌以溶解咖啡。慢慢倒在雞蛋混合物上，不斷攪拌，直到混合。

d) 將雞蛋混合物放回乾淨的平底鍋中，用中低火加熱。

e) Cook 不斷攪拌 6-8 分鐘或直到變稠，雞蛋混合物覆蓋在勺子的背面。將八個 ¾ 杯耐熱盤子分成幾份，放入一個大烤盤中。加入足夠的開水，使其升至鍋邊的一半。

f) 用箔紙蓋住烤盤，小心地放入烤箱。烘烤 30 分鐘，直到剛好在中間輕輕搖晃。冷卻至室溫，然後冷卻 2 小時或直至凝固。

g) 準備上桌時，將黃油在煎鍋中融化 2-3 分鐘或直至呈堅果棕色。加入鬆脆餅，邊攪拌邊煮 3-4 分鐘或直至烤熟。加入弗蘭格利科和榛子，攪拌混合。涼爽的。在碗中輕輕攪拌馬斯卡彭奶酪、香草和額外的奶油。

h) 將馬斯卡彭奶酪混合物塗在蛋羹上。撒上鬆脆餅屑和可可粉即可食用。

42. 提拉米蘇紙杯蛋糕

製作：12-14 個紙杯蛋糕

原料：
紙杯蛋糕
- 6 湯匙咸黃油，室溫
- ¾杯糖
- 2 茶匙香草精
- 6 湯匙酸奶油
- 3 個蛋清
- 1¼ 杯通用麵粉
- 2 茶匙泡打粉
- 6 湯匙牛奶
- 2 湯匙水

提拉米蘇內餡
- 2 個蛋黃
- 6 湯匙糖
- ½ 杯馬斯卡彭奶酪
- ½ 杯濃奶油
- 2.5 湯匙溫水
- 1 湯匙速溶濃縮咖啡顆粒
- ¼ 杯卡魯瓦

指示：

做紙杯蛋糕

a) 將烤箱預熱至 350 度，並準備一個帶有紙杯蛋糕內襯的紙杯蛋糕烤盤。

b) 將黃油和糖攪打至顏色淺且蓬鬆，大約需要 2-3 分鐘。

c) 加入香草精和酸奶油，攪拌均勻。

d) 分兩批加入蛋清，攪拌均勻。

e) 將乾原料混合在另一個碗中，然後將牛奶和水混合在另一個碗中。

f) 將一半的干原料加入麵糊中，攪拌均勻。加入牛奶混合物並混合直至完全混合。添加剩餘的干燥成分並混合直至完全混合。

g) 將紙杯蛋糕襯裡填滿一半。烘烤 15-17 分鐘，或者直到插入的牙籤帶有一些麵包屑。

h) 從烤箱中取出紙杯蛋糕，讓其冷卻 2-3 分鐘，然後移至冷卻架上完成冷卻。

製作餡料並填滿紙杯蛋糕

a) 當紙杯蛋糕冷卻時，製作餡料。將蛋黃和糖放在雙層蒸鍋的頂部，用沸水混合。如果你沒有雙鍋爐，你可以使用一個金屬攪拌碗，放在一個裝有沸水的鍋上。

b) 小火煮約 6-8 分鐘，不斷攪拌，或直至混合物顏色變淺且糖溶解。如果混合物開始變得太稠並且呈深黃色，則說明煮過頭了。

c) 完成後，用攪拌器攪打蛋黃，直到它們變稠變黃。

d) 將馬斯卡彭奶酪拌入攪打好的蛋黃中。

e) 將濃淡的攪打奶油加入另一個攪拌碗中，攪打直至形成堅硬的尖峰，大約需要 5-7 分鐘。

f) 將鮮奶油拌入馬斯卡彭奶酪混合物中。

g) 在另一個小碗中，混合溫水、濃縮咖啡和卡魯瓦咖啡。

h) 一旦紙杯蛋糕涼了，切掉中心。

i) 將大約 1 湯匙濃縮咖啡混合物淋在紙杯蛋糕孔的內側，然後用提拉米蘇餡填充孔。

43. 迷你提拉米蘇杯

品牌：5

原料：

提拉米蘇杯

- 200 克 Ladyfingers 商店購買
- 300 克馬斯卡彭 41% 脂肪，冷用
- 240 克重奶油 36% 脂肪，非常冷
- 70g 糖粉 過篩

組裝用

- 1 杯濃咖啡，稍微加糖，用來浸泡鬆餅
- 幾湯匙可可粉不加糖荷蘭加工裝飾頂部
- 手指餅乾裝飾

指示：

a) 在一個碗中，在電動手動攪拌器的幫助下，將馬斯卡彭奶酪、濃奶油和糖粉攪打幾分鐘，直至呈硬性發泡。

b) 輕輕地將手指餅乾浸入新鮮準備的濃縮咖啡中，然後開始將它們分層放入杯子中，從咖啡浸泡的手指餅乾開始，最後塗上馬斯卡彭奶油

c) 用抹刀或勺子抹平頂部，然後將提拉米蘇杯冷藏至少 1 小時，讓鬆脆餅變軟

d) 提拉米蘇在冰箱中凝固後，撒上可可粉並用更多的鬆脆餅裝飾。

44. 提拉米蘇奶油泡芙

品牌：15

原料：
對於泡芙
- ½杯水
- 4 湯匙無鹽黃油
- ½ 茶匙糖
- 鹽少許
- ½ 杯通用麵粉
- 2 個大雞蛋

對於提拉米蘇奶油：
- 4 盎司馬斯卡彭奶酪，在涼爽的室溫下
- 2 湯匙咖啡酒
- 1 杯濃奶油
- ¾杯糖粉

對於甘那許：
- ⅓杯濃奶油
- 4 盎司切碎的黑巧克力

指示

對於泡芙：

a) 將烤箱預熱至 425 度，然後在烤盤上鋪上一張羊皮紙。

b) 在一個中等大小的平底鍋中，用中火將水、黃油、糖和鹽混合，直到黃油融化並且混合物沸騰。把平底鍋從火上移開，加入所有的麵粉，用力攪拌使其混合。

c) 攪拌片刻後，麵團會形成一個潮濕的球，從鍋的側面拉開。將鍋放回火上煮，用木勺或橡皮刮刀將麵團攪拌 3 分鐘。把麵團倒進一個大碗裡，一次一個地加入雞蛋，每次加入後都要用力攪拌以結合。

d) 當您將木勺從麵團中拉出時，麵團應該足夠粘稠以保持柔軟的尖峰。如果太硬，加一兩茶匙水。將混合物倒入裱花袋中，擠出湯匙大小的麵團圓球，在準備好的平底鍋上相距約 2 英寸。用指尖稍稍弄濕，將圓形上的任何尖峰弄平，使它們成為圓形的圓盤，類似於烤馬卡龍餅乾的形狀。

e) 在預熱的烤箱中烘烤 10 分鐘，然後將烤箱溫度降至 350 度，再烘烤 15-20 分鐘，或直到泡芙呈金黃色。使用前讓其冷卻。

對於提拉米蘇奶油：

a) 用手動攪拌器以中速攪拌馬斯卡彭奶酪和咖啡液約 30 秒或直至順滑。在一個大碗或立式攪拌機的碗中，以中速攪打濃奶油，直到稍微變稠。

b) 加入糖粉並繼續攪打直至形成堅硬的尖峰。用橡皮刮刀將馬斯卡彭奶酪混合物輕輕拌入鮮奶油中。放在冰箱裡，直到奶油泡芙冷卻到室溫。準備填充時，在每個奶油泡芙的頂部切一個小縫。

c) 將提拉米蘇奶油倒入裝有圓頭的裱花袋中，然後在每一口中加入奶油直至填滿。做甘那許時放在一邊。

對於甘那許：

a) 在微波爐或爐子上加熱濃稠的鮮奶油，直到冒出蒸汽。把熱奶油倒在小碗里切碎的巧克力上面，然後用一張保鮮膜蓋住整個東西。

b) 5 分鐘後，將混合物攪拌至光滑，然後在每個泡芙上倒一勺甘那許。或者，您可以蘸奶油泡芙。

c) 甘那許凝固後會變硬，因此請確保根據需要輕輕重新加熱。

45. 橙子佈丁和橙子果凍

原料：

- 對於意式奶凍：
- 1/2 杯全脂牛奶
- 1 & 1/4 杯濃奶油
- 1 茶匙 明膠粉
- 1/4 杯白糖
- 1/2 茶匙香草精
- 一個橙子皮
- 對於橙子果凍：
- 1/2 杯鮮榨橙汁
- 2 & 1/2 茶匙明膠粉
- 1/4 杯白糖
- 1 杯水

指示：

a) 要製作 Panna Cotta，將牛奶分成兩半，然後將一半倒入碗中。

b) 在牛奶上撒上吉利丁，靜置 15 分鐘使其發泡（成功發泡的明膠看起來呈海綿狀）

c) 將剩下的一半牛奶與奶油、橙皮、香草和糖混合在鍋中。用中火攪拌直到糖完全溶解。混合物應該變熱但不會沸騰。

d) 現在把它從火上取下來，蓋上蓋子浸泡幾分鐘（大約 15 分鐘）。覆蓋物對於鎖住橙皮的橙味至關重要，所以請不要跳過它

e) 將浸泡過的混合物放回火上慢燉，然後加入明膠和牛奶混合物並攪拌直至明膠完全溶解。使用帶孔的小濾網過濾混合物，您的意大利面奶凍混合物在過濾後即可立即裝入小模子、甜點杯或玻璃杯中。冷卻至凝固。

f) 大約 4 個小時。您可以輕鬆地將甜點杯傾斜放置，讓您的意式奶凍發揮創意

g) 為了製作果凍，將明膠在一半的橙汁中攪拌 5 分鐘

h) 在高溫下將水和糖煮沸至糖漿狀（不粘稠），然後將此混合物倒在起泡的明膠上並攪拌至完全溶解明膠。加入剩下的一半果汁，讓混合物冷卻至室溫

i) 將冷卻的果凍混合物倒在凝固的意式奶凍上。您可以根據需要倒入厚層或薄層。讓果凍放在冰箱裡的意式奶凍上約半小時。PS：- 果凍比 Panna Cotta 凝固得更快

j) 冷藏後作為甜點享用

46. 草莓布丁配焦糖花生

原料：

- 200 克 草莓片
- 60 克糖
- 布丁
- 250 毫升 牛奶
- 2 茶匙無味明膠
- 80 克糖
- 1 包碎花生 chikki

指示：

a) 取一個平底鍋放入草莓塊，加入糖繼續小火煮 3 至 5 分鐘，待糖融化後草莓軟化形成多汁的質地

b) 取熱鍋倒入牛奶保持煮沸加入糖，同時取一個碗放入吉利丁倒入水拌勻代吉利丁放入牛奶煮沸 2 分鐘..

c) 倒入模具中靜置 30 分鐘，然後將草莓醬倒入盤中，再將醬汁倒在盤子上

d) 裝飾碎花生片，上面放薄荷葉即可食用

47. 草莓和奇異果布丁

原料：

- 1 杯牛奶
- 1 杯鮮奶油
- 1 湯匙明膠
- 3 湯匙糖
- 1 奇異果 切碎
- 2-3 個草莓，切碎

指示：

a) 將牛奶放入平底鍋中，加入明膠煮 4-5 分鐘以軟化明膠。

b) 現在加熱牛奶混合物直到明膠溶解，但牛奶在 4-5 分鐘內不會沸騰。

c) 加入糖和奶油，攪拌均勻。

d) 從熱源中取出並讓它冷卻。

e) 倒入玻璃杯中冷藏 4-5 小時，但不要冷凍。

f) 當它涼爽時，用切碎的奇異果和草莓裝飾。

48. 酪乳布丁配柑橘醬

原料：

- 1 杯酪乳
- 1/4 杯糖
- 1/2 杯濃奶油
- 1-2 股瓊脂-瓊脂粗碎

柑橘醬

- 1 橙色
- 5-6 橙色段
- 3-4 湯匙 糖

指示：

a) 在鍋中加熱濃奶油和糖。現在攪拌瓊脂。讓它溶解。繼續攪拌。這將需要一到兩分鐘。不要煮沸。應該是熱的。就是這樣。為此添加酪乳。快速攪拌一下。在你要放置它的碗上塗上少許油脂。

b) 根據需要將混合物倒入其中或單獨的小模子模具中，讓它凝固。在平底鍋中用中高溫加熱糖和橙汁，不時攪拌直至糖溶解。也添加橙色段。

c) 一旦它變稠，就把它從火上移開。冷藏 Panna Cotta 至少 2-3 小時或直至凝固。與柑橘醬一起冷藏。

49. 梅花布丁

原料：

- 1 杯鮮奶油
- 1/4 杯凝乳
- 3 湯匙 糖
- 4-5 香草精
- 1 湯匙 明膠
- 5-6 李子
- 1/4 杯糖
- 1/4 杯水

指示：

a) 將鮮奶油和糖放入平底鍋中，用小火加熱至糖溶解。關火，放在一邊冷卻。

b) 將明膠放入小碗中，加入 2-3 湯匙開水。攪拌均勻，備用

c) 使用手持攪拌機將酸奶攪拌至順滑。

d) 現在將酸奶加入鮮奶油和糖的混合物中並充分混合。加入明膠和香草精並再次混合均勻。使用平紋細布或過濾器過濾混合物，然後轉移到小模子模具或矽膠模具或鬆餅杯或玻璃碗隨你喜歡。

e) 將其冷藏 2-3 小時或直至凝固。

f) 讓我們做一個簡單的李子糖漿作為澆頭。將李子去籽並轉移到裝有糖和水的平底鍋中。

g) 將其煮沸 5-10 分鐘或直到糖溶解並放在一邊冷卻。將所有東西混合成光滑的泥狀物，再加熱 5-7 分鐘。你的梅子醬就做好了。

h) 將其放入冰箱一次，需要時使用。

i) 現在最後一步是安排您的 Pana Cotta。

j) 將您的 Pana Cotta 脫模到盤子裡，然後在上面放上冰鎮李子糖漿和新鮮李子片。

50. 芒果布丁配糖糖裝飾

原料：

芒果層：

- 2 杯芒果泥
- 2 湯匙 瓊脂 瓊脂/明膠/中國草
- 2 湯匙 熱水

對於奶油層：

- 1 杯全脂牛奶
- 1 杯奶油
- 香草精
- 捏鹽
- 1/2 杯糖
- 2 湯匙瓷草
- 2 湯匙熱水

糖飾

- 2 湯匙 糖

指示：

a) 取一個大碗，加入瓷草和水，浸泡 15 分鐘。之後將其完全混合。一旦溶解，加入芒果泥並混合。確保它完全混合。取一個玻璃杯橫向放在碗中，將芒果混合物輕輕倒入其中，冷藏 2 小時。

b) 對於奶油層 - 2 湯匙吉利丁浸泡在熱水中並放在一邊。我吃了自製的奶油。（1 杯奶油放入冰箱冷藏半小時，然後用打蛋器打成鮮奶油。） 1 杯牛奶加糖加熱，待用。糖應完全溶解，牛奶應冷卻。現在加入香草精並充分混合。取一個碗加入奶油甜牛奶明膠溶解的水並適當混合所有混合物應適當混合。

c) 從冰箱中取出一個芒果泥玻璃杯，加入奶油層，再次靜置 2 小時，直至完全凝固。用少許切碎的芒果裝飾

d) 取一個平底鍋加入糖，加熱至沸騰，不要攪拌中等焦糖色。熄火，將焦糖倒在油脂盤上，根據您的選擇進行設計。讓它凝固並分解成碎片

51. 椰子佈丁配菠蘿釉

原料：

- 1 杯椰奶
- 1 杯濃奶油
- 1 1/4 茶匙瓊脂
- 3 湯匙糖
- 1 杯菠蘿
- 1 湯匙黃油
- 1 湯匙紅糖

指示：

a) 將奶油、椰奶和瓊脂加入大平底鍋中。攪拌至混合併靜置 15 分鐘。

b) 將糖加入鍋中並攪拌均勻。然後把火調到中火。加熱直到糖和瓊脂溶解，不斷攪拌直到即將開始沸騰。

c) 在小火上再加熱 3-4 分鐘，不斷攪拌並關火。

d) 使用精細搗碎並將混合物過濾到乾淨的碗中。將混合物倒入您選擇的玻璃杯中並冷藏，直到奶油布丁凝固。

e) 製作菠蘿釉，將黃油和紅糖加入平底鍋中，用中火加熱。繼續攪拌直到黃油融化，糖溶解。

f) 現在把菠蘿（我把它切得很細，如果你喜歡大塊的話）加入鍋裡，攪拌均勻，繼續煮，直到菠蘿變軟。

g) 如果菠蘿不甜，你需要多加一點糖。冷藏至冷卻。

h) 在奶油布丁上加入菠蘿釉，冷食。享受。

52. 三色意式奶凍軟糖

原料：

芒果層

- 1 杯芒果泥
- 2 湯匙水
- 1 茶匙無味明膠或使用 4 克瓷草/瓊脂
- 根據口味糖

綠色（KHAS）層

- 1 杯濃奶油
- 2-3 湯匙卡斯糖漿
- 根據口味糖
- 1 茶匙明膠
- 根據需要幾滴綠色食用色素（可選）

香草奶油層

- 1 杯濃奶油
- 根據口味糖
- 1/2 茶匙香草精
- 1 茶匙明膠

指示：

芒果層

a) 首先在一個小碗中加入明膠和 2 湯匙水，攪拌均勻，靜置 5 分鐘使其開花。在平底鍋中加入芒果泥、明膠，用小火加熱 2 -3 分鐘。

b) 關掉暖氣，將混合物倒入您選擇的任何形狀的模具/玻璃杯中，然後將其保存在冰箱中以使其完全凝固。

對於 KHAS 層

c) 在一個小碗中加入明膠，攪拌均勻，靜置 5 分鐘使其開花。接下來在平底鍋中加入濃奶油、糖，中火煮至糖溶解。

d) 當混合物達到沸點時關火，加入卡斯糖漿、幾滴綠色食用色素、（可選）白化明膠並攪拌直至完全溶解。

e) 讓它冷卻到室溫，然後將這種混合物倒在芒果層上，然後再次將其放入冰箱中凝固。

香草層

f) 在一個小碗中加入明膠，攪拌均勻，靜置 5 分鐘使其開花。接下來在平底鍋中加入濃奶油、糖，中火煮至糖溶解。

g) 當混合物達到沸點時關火，加入香草精和明膠並攪拌直至完全溶解。讓它冷卻至室溫，然後將這種混合物倒在 khas 層上，然後再次將其放入冰箱中使其完全凝固。

h) 美味的 3 層 Panna Cotta Delight 就可以上桌了。

53. 芒果酸奶布丁

原料：

- 2 個大芒果
- 1/4 杯牛奶
- 2/3 杯酸奶
- 1 杯濃奶油
- 2 湯匙糖
- 1 茶匙瓊脂瓊脂粉
- 1 茶匙荳蔻粉
- 3-4 股藏紅花

指示：

a) 將瓊脂瓊脂粉浸泡在足夠的水中，使其充分浸泡。有必要。

b) 將芒果果泥去皮、切片，加入攪拌機打成泥

c) 在平底鍋中加入牛奶和濃奶油，用中火煮沸。

d) 加入小荳蔻粉和藏紅花串。加入芒果泥和酸奶，在火焰中攪拌均勻。擱置

e) 冷卻 2-3 分鐘，過濾芒果混合物

f) 潤滑模具。倒入模具中，冷藏一夜

g) 用芒果小片和薄荷葉裝飾並享用

54. 椰奶和橙子佈丁

原料：

- 250 毫升 椰奶
- 4-5 湯匙 糖
- 1 橙色
- 2-3 股瓊脂-瓊脂
- 1/2 杯水

指示：

a) 用小火煮椰奶，加入糖和鮮榨橙汁及其外皮。擱置。同時，在撕成小塊的瓊脂絲中加入半杯水。首先用大火將其煮沸，然後用文火燉約 4-5 分鐘。

b) 重要的是它應該完全溶解並且幾乎是透明的。然後就可以混合到椰奶和橙汁中了。

c) 拌勻。將它添加到任何方便的玻璃盤或蛋糕盤中。讓它冷卻一點，放在陰涼的地方。稍後將其冷藏直至冷卻。

d) 切片和享受！

55. 石榴布丁

原料：

- 1/2 包鮮奶油
- 1 湯匙糖
- 1 1/2 杯牛奶
- 1 茶匙明膠
- 1 杯石榴汁
- 1 茶匙香草精

指示：

a) 在牛奶上撒上明膠，靜置 10 分鐘

b) 熱奶油加糖和香草精

c) 混合明膠混合物倒入玻璃杯中

d) 放冰箱過夜

e) 加熱石榴汁，加入明膠混合物，倒在意式奶凍上

f) 放入冰箱過夜

g) 用新鮮石榴裝飾

56. 綠色和白色意式奶凍

原料：

- 1 包綠色果凍香蕉
- 2 杯水
- 1/3 杯開水
- 3 茶匙明膠
- 400 毫升奶油
- 5 湯匙 糖 或根據口味
- 1 茶匙香草埃森南

指示：

a) 將水煮沸，加入果凍並攪拌。

b) 將果凍放入小玻璃杯中，放入冰箱冷藏 1/2 小時。

c) 將明膠溶解在熱水中。

d) 加糖拌勻。

e) 加入香草 essenan 並混合均勻。

f) 加入奶油並攪拌均勻。

g) 在 1/2 小時後再次將其倒在綠色果凍冰箱中。

57. 希臘酸奶布丁配棗泥

原料：

對於意式奶凍：
- 1 杯濃奶油
- 1/3 杯糖
- 1/8 茶匙鹽
- 1 茶匙香草精
- 1 個信封無味明膠
- 2 杯希臘酸奶

棗泥：
- 2 杯棗（去核並浸泡在水中，然後在攪拌機中製成糊狀）
- 品嚐糖
- 1 湯匙 玉米澱粉

指示：

a) 在一個小碗中，將 1 包明膠與 3 湯匙水混合，靜置 5 分鐘。

b) 在平底鍋中混合濃奶油、糖、鹽和香草精。用中火煮約 5 分鐘（不斷攪拌），直到糖完全溶解。你不需要把它煮沸，但要加熱到足以將所有成分混合在一起。

c) 關掉爐子，將溶解的明膠加入混合物中，攪拌均勻。

d) 加入 2 杯希臘酸奶並充分攪拌，直到獲得順滑的稠度。

e) 將這種混合物分成 4 杯並冷藏幾個小時。

棗泥：

f) 在平底鍋中混合棗泥糖，煮沸約 3-4 分鐘。

g) 將玉米澱粉與 3 湯匙水混合，然後加入醬汁中。攪拌均勻一分鐘，然後關火。讓醬汁冷卻，然後用勺子把它澆在冰鎮的意大利奶凍上。

h) 蓋上保鮮膜，再冷藏幾個小時。

i) 在上甜點之前，在上面撒上切碎的棗和薄荷葉。

58. 柿子佈丁

4 份

原料：
- 400 毫升 鮮奶油
- 1/3 杯糖或根據您的口味
- 3 茶匙明膠或 Ager Ager
- 柿子泥
- 1/4 杯水
- 2 個中等大小的柿子
- 2 茶匙 Ager Ager 或明膠

指示：

a) 在小平底鍋中加熱 350 毫升淡奶油。篩入糖輕輕攪拌。

b) 在一個單獨的碗中混合瓊脂和 50 毫升溫熱的攪打奶油，現在將這種混合物加入平底鍋奶油混合物中攪拌 2 分鐘。放涼一點。

c) 倒入 4 個玻璃杯直到邊緣，然後將意式奶凍放在冰箱裡——大約一個小時。

d) 柿子切開，剝去皮。如果需要，將其與水混合直至變成泥狀。

e) 將 2 茶匙瓊脂粉溶解在 25 毫升溫水中，加入柿子泥中。攪拌均勻。

f) 用柿子泥填滿杯子的剩餘空間。在冰箱中放置約 2 至 4 小時，或直至完全凝固。

59. 奶油西瓜意式奶凍

製作： 4 份

原料：

- 500 毫升牛奶
- 1 湯匙吉士粉 -
- 糖 - 根據你的口味
- 西瓜 - 1 大碗，去籽，切塊
- 1/2 勺岩鹽
- 1 湯匙薄荷葉
- 1 勺檸檬汁

指示：

a) 取 1/2 杯牛奶，加入吉士粉，攪拌均勻。

b) 將牛奶煮沸，加入蛋奶凍和糖。

c) 5 分鐘後關閉燃氣。

d) 冷卻混合物。

e) 取 4 杯，加入蛋奶凍，放入冰箱冷藏 4-5 小時。

f) 拿一個罐子，加入西瓜塊、岩鹽、薄荷葉和檸檬汁，然後清淡。

g) 現在將這種混合物加入蛋奶杯中，放入冰箱冷藏 4-5 小時。

h) 用薄荷葉裝飾，冷藏後食用。

60. 果凍梨蜜餞配意式奶凍

製作：8 份

原料：

果凍梨蜜餞：

- 2 個亞洲梨
- 200 毫升 白葡萄酒
- 60 克糖
- 10 毫升 檸檬汁
- 2 克明膠片

奶凍

- 200 毫升 濃奶油
- 200 毫升 牛奶
- 30 克糖
- 30 克蜂蜜
- 6 克明膠片

指示：

製作梨蜜餞

a) 將梨切成 16 個楔形，與配料一起放入鍋中。開始用高溫烹飪。

b) 將其煮沸以蒸發白葡萄酒中的酒精，然後用中火燉至梨呈半透明狀。撇去任何浮渣。

c) 梨子會在幾分鐘內變得半透明。關掉暖氣，放在鍋裡冷卻。

d) 當它冷卻到室溫時，將梨和水煮液一起轉移到儲存容器中，然後放入冰箱冷藏。

製作意式奶凍：

e) 將 6 克用於意式奶凍的明膠片浸泡在水中約 20 分鐘。

f) 用中火加熱配料。繼續攪拌直到糖完全溶解，然後關火。絕對不要讓它沸騰。

g) 將浸泡過的明膠片加入意式奶凍混合物中，並完全溶解明膠。將混合物濾入杯中。

h) 蓋上蓋子，冷藏至凝固。

製作果凍：

i) 加熱梨蜜餞中的糖漿；不要讓它沸騰。加入 2 克預留給果凍的吉利丁片，吉利丁片提前泡水。

j) 倒入容器中，放入冰箱冷藏至凝固。

k) 將梨蜜餞放在意式奶凍上。把果凍放在上面就完成了。

l) 當然，梨蜜餞本身就很美味。

61. 奶油布丁配焦糖醬

品牌：6 份

原料：:
- 1 杯糖
- 1 杯水；或者更多
- 1 杯水
- 2 湯匙水
- 4 茶匙無味明膠
- 5 杯淡奶油
- 1 杯牛奶
- 1 杯糖粉
- 1 顆香草豆；縱剖

指示：

調料：

a) 將 1 杯糖和 ½ 杯水放入重中型平底鍋中，用小火加熱。攪拌直到糖溶解。增加熱量並在不攪拌的情況下煮沸，直到糖漿變成琥珀色，偶爾旋轉平底鍋並用濕糕點刷刷下側面，約 8 分鐘。把鍋從火上移開。

b) 小心加入 ½ 杯水。將鍋重新加熱並煮沸，攪拌以溶解任何焦糖塊，約 2 分鐘。

c) 涼爽的。

布丁：

d) 將 2 湯匙水倒入小碗中。撒上明膠。靜置直至軟化，大約 10 分鐘。在厚重的大平底鍋中混合奶油、牛奶和糖。從香草豆中刮下種子；添加豆。

e) 煮沸，經常攪拌。遠離熱源。加入明膠混合物並攪拌溶解。去除香草豆。將混合物轉移到碗中。將碗放在更大的冰水碗上。靜置直至冷卻，偶爾攪拌約 30 分鐘。將布丁平均分給六個 10 盎司的蛋奶凍杯。蓋上蓋子並冷藏過夜。

f) 將布丁脫模到盤子上。淋上焦糖醬即可食用。

62. 巧克力奶凍

製作：5 份

原料：:

- 500 毫升 濃奶油
- 10 克 明膠
- 70 克黑巧克力
- 2 湯匙酸奶
- 3 湯匙糖
- 一撮鹽

指示：

a) 在少量奶油中浸泡明膠。

b) 在一個小平底鍋裡，倒入剩餘的奶油。將糖和酸奶煮沸，偶爾攪拌，但不要煮沸。把鍋從火上移開。

c) 加入巧克力和明膠攪拌直至完全溶解。

d) 將麵糊倒入模具中，冷藏 2-3 小時。

e) 要將意式奶凍從模具中取出，請在取出甜點之前在熱水中運行幾秒鐘。

f) 根據自己的喜好裝飾並上菜！

63. 焦糖蛋羹

製作：1 份

原料：

- ½ 杯砂糖
- 1 茶匙水
- 4 個蛋黃或 3 個全蛋
- 2 杯牛奶，燙過的
- ½ 茶匙香草精

指示：

a) 在一個大煎鍋中，加入 6 湯匙糖和 1 杯水。用小火加熱，偶爾用木勺搖動或旋轉以避免燃燒，直到糖變成金黃色。
b) 盡快將焦糖糖漿倒入淺烤盤（8x8 英寸）或餡餅盤中。讓其冷卻直至變硬。
c) 將烤箱預熱至 325 華氏度。
d) 將蛋黃或整個雞蛋一起打。加入牛奶、香草精和剩餘的糖，直至完全混合。
e) 將冷卻的焦糖倒在上面。
f) 將烤盤放入熱水浴中。烘烤 1-112 小時，或直到中心凝固。酷，酷，酷。
g) 上菜時，小心地倒在盤子裡。

64. 意式烤桃子

製作：1 份

原料：

- 6 成熟的桃子
- ⅓ 杯糖
- 1 杯杏仁粉
- 1 個蛋黃
- ½ 茶匙杏仁提取物
- 4 湯匙黃油
- ¼ 杯杏仁片
- 濃奶油，可選擇的

指示：

a) 將烤箱預熱至 350 華氏度。桃子應沖洗乾淨，切半，去核。在食品加工機中，將兩半桃子打成泥。

在攪拌盤中，混合果泥、糖、杏仁粉、蛋黃和杏仁提取物。要製作光滑的糊狀物，請將所有成分混合在一個攪拌碗中。

b) 將餡料倒在每個桃子上，然後將填滿的桃子放在塗有黃油的烤盤中。

c) 撒上杏仁片，將剩餘的黃油刷在桃子上，然後烘烤 45 分鐘。

d) 熱食或冷食，搭配奶油或冰淇淋。

65. 蜂蜜布丁

製作：6 份

原料：

- ¼ 杯無鹽黃油
- 1½ 杯牛奶
- 2 個大雞蛋；輕打
- 6 片鄉村白麵包；撕裂
- ½ 杯透明；薄蜂蜜，加上
- 1 湯匙透明；稀蜂蜜
- ½杯熱水；加
- 1 湯匙熱水
- ¼ 茶匙肉桂粉
- ¼ 茶匙香草

指示：

a) 將烤箱預熱至 350 度，並使用少量黃油塗抹 9 英寸的玻璃餡餅盤。將牛奶和雞蛋攪拌在一起，然後加入麵包片並轉動均勻。

b) 讓麵包浸泡 15 到 20 分鐘，翻轉一到兩次。在一個大的不粘鍋中，用中火加熱剩餘的黃油。

c) 將浸泡過的麵包放入黃油中煎至金黃色，每面煎約 2 至 3 分鐘。將麵包轉移到烤盤中。

d) 在一個碗中，將蜂蜜和熱水混合併攪拌直至混合物均勻混合。

e) 加入肉桂和香草，將混合物淋在麵包上和周圍。

f) 烘烤約 30 分鐘，或直至呈金黃色。

66. 冷凍蜂蜜 Semifreddo

製作：8 份

原料：

- 8 盎司重奶油
- 1 茶匙香草精
- ¼ 茶匙玫瑰水
- 4 個大雞蛋
- 4.5 盎司蜂蜜
- ¼ 茶匙加⅛ 茶匙粗鹽
- 澆頭，如切片水果、烤堅果、可可粒或巧克力屑

指示：

a) 將烤箱預熱至 350°F。在一個 9 x 5 英寸的麵包盤上鋪上保鮮膜或羊皮紙。

b) 對於 Semifreddo，在裝有攪拌器附件的立式攪拌機的碗中，將奶油、香草和玫瑰水攪打至變硬。

c) 轉移到一個單獨的碗或盤子裡，蓋上蓋子，冷卻直到可以使用。

d) 在立式攪拌機的碗中，將雞蛋、蜂蜜和鹽攪拌在一起。要混合，請使用靈活的抹刀將所有東西攪拌在一起。

e) 在不銹鋼盆中，用靈活的抹刀定期烹飪、旋轉和刮擦，直到加熱到 165°F，大約 10 分鐘。

f) 一旦達到 165°F，將混合物轉移到裝有攪拌器附件的立式攪拌機中。用高火攪打雞蛋，直到它們起泡。

用手輕輕攪拌一半準備好的鮮奶油。添加剩餘的成分，快速攪拌，然後用靈活的抹刀折疊直至充分混合。

g) 刮入準備好的麵包盤中，蓋緊，冷凍 8 小時或直至凝固到可以切片，或直至內部溫度達到 0°F。

h) 將 semifreddo 倒在冷卻的盤子上即可食用。

67. Zabaglione

品牌：4

原料：

- 4 個蛋黃
- ¼杯糖
- ½ 杯馬沙拉幹葡萄酒或其他幹白葡萄酒
- 幾枝新鮮薄荷

指示：

l) 在耐熱盆中，將蛋黃和糖攪拌在一起，直至呈淡黃色且有光澤。然後應該將馬沙拉攪拌進去。

m) 把一個中等大小的鍋裝滿一半的水，用小火煮沸。開始在鍋頂的耐熱碗中攪拌雞蛋/葡萄酒混合物。

n) 在熱水中用電動打蛋器（或打蛋器）繼續打 10 分鐘。

o) 使用即時讀數溫度計確保混合物在烹飪期間達到 160°F。

p) 熄火，將 zabaglione 澆在準備好的水果上，飾以新鮮薄荷葉。

q) Zabaglione 與冰淇淋一起食用或單獨食用同樣美味。

68. 阿芙佳朵

品牌：1

原料：

- 1 勺香草冰淇淋
- 1 杯濃縮咖啡
- 少許巧克力醬，可選擇的

指示：

a) 在玻璃杯中放入一勺香草冰淇淋和一杯濃縮咖啡。

b) 服務！

69. 燕麥肉桂冰淇淋

製作約 1 夸脫

原料：
- 空白冰淇淋基地
- 1 杯燕麥
- 1 湯匙肉桂粉

指示：

a) 根據說明準備空白底座。

b) 在一個小煎鍋中用中火加熱，將燕麥和肉桂混合。吐司，定期攪拌 10 分鐘，或直到變成褐色並散發出香味。

c) 注入時，將烤肉桂和燕麥從爐子上取下來時加入底部，浸泡約 30 分鐘。使用設置在碗上的網狀過濾器；過濾固體，壓透以確保您獲得盡可能多的調味奶油。可能會有一點燕麥漿，但沒關係——很好吃！為燕麥食譜保留燕麥固體！

d) 你會失去一些混合吸收，所以這個冰淇淋的製作會比平時略少。

e) 將混合物存放在冰箱中過夜。當您準備好製作冰淇淋時，再次用浸入式攪拌器將其攪拌至光滑和奶油狀。

f) 倒入冰淇淋機並按照製造商的說明冷凍。儲存在密封容器中並冷凍過夜。

70. 雙巧克力冰淇淋

使：4-6

原料：
- ½ 杯濃奶油
- 2 杯牛奶
- ¾ 杯糖
- ¼ 茶匙鹽
- 7 盎司優質黑巧克力
- 1 茶匙香草精
- 椰子油

指示：

a) 第一步是融化巧克力，然後稍微冷卻一下。將牛奶、奶油和黃油放入碗中，混合均勻。

b) 用打蛋器和鹽混合糖。繼續攪拌約 4 分鐘，直到糖和鹽溶解。然後加入香草精。

c) 最後，加入巧克力直至完全混合。將配料倒入冰淇淋機中，攪拌 25 分鐘。

d) 將意式冰淇淋放入密封容器中，然後放入冰箱最多 2 小時，直到想要為止 d 達到一致性。

71. 樱桃草莓冰淇淋

使：4-6

原料：
- ½ 杯濃奶油
- 2 杯牛奶
- ¾ 杯糖
- 椰子油
- 1 杯切好的草莓
- 1 湯匙香草精

指示：

a) 使用攪拌機將草莓徹底攪成泥。將牛奶、奶油和黃油放入碗中，混合均勻。用打蛋器混合糖。

b) 繼續攪拌約 4 分鐘，直到糖溶解。然後加入香草精和草莓泥。

c) 將配料倒入冰淇淋機中，攪拌 25 分鐘。

d) 將冰淇淋放入密封容器中，然後放入冰箱最多 2 小時，直至達到所需的稠度。

72. 黃油羊角麵包層配意大利熏火腿

品牌：8

原料：

- 3 湯匙咸黃油，切成薄片，加上更多的用於潤滑
- 6 個羊角麵包，大致撕成三分之一
- 8 個大雞蛋
- 3 杯全脂牛奶
- 1 湯匙第戎芥末
- 1 湯匙切碎的新鮮鼠尾草
- ¼ 茶匙新鮮磨碎的肉荳蔻
- 粗鹽和現磨胡椒粉
- 12 盎司冷凍菠菜，解凍並擠乾
- 1.5 杯切碎的豪達奶酪
- 1.5 杯切碎的格魯耶爾奶酪
- 3 盎司切成薄片的意大利熏火腿，撕裂

指示：

a) 將烤箱預熱至 350°F。在 9 × 13 英寸的烤盤上塗上油脂。

b) 將羊角麵包放在烤盤底部，並用切片黃油覆蓋它們。烘烤至輕微烘烤，5 至 8 分鐘。取出並在鍋中冷卻，直到摸起來不再熱，大約 10 分鐘。

c) 在一個中等大小的碗中，將雞蛋、牛奶、芥末、鼠尾草、肉荳蔻和少許鹽和胡椒攪拌在一起。加入菠菜和 3/4 杯奶酪。小心地將混合物倒在烤羊角麵包上，均勻分佈。在上面放上剩餘的

奶酪，最後加入意大利熏火腿。蓋上蓋子並冷藏至少 30 分鐘或過夜。

d) 準備烘烤時，從冰箱中取出地層並將烤箱預熱至 350°F。

e) 烘烤直到地層中心凝固，大約 45 分鐘。如果牛角麵包在各層烹飪完成之前開始變褐，則用箔紙蓋住它們並繼續烘烤。

f) 從烤箱中取出分層並在食用前冷卻 5 分鐘。

73. 香桃和布里餡餅

品牌：6

原料：
- 1 片冷凍酥皮，解凍
- ⅓ 杯檸檬羅勒香蒜沙司
- 1（8 盎司）輪布里乾酪，去皮切片
- 2 個成熟的桃子，切成薄片
- 特級初榨橄欖油
- 粗鹽和現磨胡椒粉
- 3 盎司切成薄片的意大利熏火腿，撕裂
- ¼ 杯香醋
- 2 至 3 湯匙蜂蜜
- 新鮮羅勒葉，供食用

指示：

a) 將烤箱預熱至 425°F。在有邊的烤盤上鋪上羊皮紙。

b) 將酥皮在乾淨的工作檯面上輕輕擀成 1/8 英寸厚，然後轉移到準備好的烤盤上。用叉子在糕點上戳個洞，然後將香蒜沙司均勻地塗在麵團上，留下 ½ 英寸的邊界。

c) 將布里乾酪和桃子放在香蒜醬上，淋上少許橄欖油。用鹽和胡椒調味，然後在上面放上意大利熏火腿。

d) 在麵團的邊緣撒上胡椒粉。

e) 烘烤 25 到 30 分鐘，直到糕點呈金黃色，意大利熏火腿變脆。

f) 與此同時，在一個小碗裡，將醋和蜂蜜攪拌在一起。

g) 從烤箱中取出餡餅，在上面放上羅勒葉，然後淋上蜂蜜混合物。切成塊，趁熱食用。

74. 洋蔥火腿餡餅

品牌：8 份

原料：

- ½ 磅 酥皮糕點
- 4 個大洋蔥；切碎的
- 3 盎司火腿；切丁
- ½ 茶匙百里香
- ½ 茶匙迷迭香
- 2 湯匙橄欖油
- 12 個大油浸黑橄欖；進站
- 現磨黑胡椒
- 如果需要鹽
- 1 個雞蛋

指示：

a) 用香草在油中煮洋蔥，直到洋蔥變透明。加入意大利熏火腿，煮 3 分鐘。用胡椒調味並檢查鹽。寒意。

b) 將麵團擀成 11" x 9 的矩形。切下 4 條麵團以製作邊框，然後將它們壓在矩形的邊緣上。

c) 轉移到烤盤上，在邊緣塗上打好的雞蛋。冷卻 ½ 小時。將烤箱預熱至 425。將洋蔥混合物塗在準備好的麵團上。烘烤 30 分鐘。

d) 將熱量降至 300，用切片橄欖裝飾餡餅，然後繼續烘烤 15 分鐘。

75. 火腿橄欖番茄麵包

製作：1 份

原料：

- 1 磅麵包，1 1/2 磅麵包
- 1 杯水
- 2 湯匙植物油
- ⅓杯熟番茄
- ⅓ 杯橄欖、去核阿方斯橄欖或其他酒醃橄欖
- ⅓ 杯火腿，切碎
- 2 茶匙糖
- ½ 茶匙鼠尾草
- 1 茶匙鹽
- ⅓ 杯黑麥粉
- 1.5 杯全麥麵粉
- 1½ 杯麵包粉
- 1½ 茶匙酵母

指示：

a) 根據製造商的說明烘烤。

76. 火腿橙色爆米花

品牌：6 份

原料：

- 1 杯麵粉
- ¼ 茶匙鹽
- 1 杯牛奶
- 2 個蛋；輕打
- 1 湯匙融化的人造黃油
- 2 片火腿；去除多餘的脂肪；切碎
- 1 個大橙子；精細磨碎的果皮

指示：

a) 將平底鍋放入烤箱並預熱至 450 度。鍋一熱就把鍋從烤箱裡拿出來。

b) 把麵粉和鹽攪拌在一起。加入牛奶、雞蛋和融化的人造黃油，攪拌至順滑。不要過度。加入意大利熏火腿和橙皮。

c) 將麵糊舀入熱鍋中，放入預熱好的烤箱烘烤 15 分鐘。將熱量調至 350 度，繼續烘烤 15-20 分鐘，直至膨脹並變成褐色。烘烤期間切勿打開烤箱門，因為爆米花會放氣。

d) 從烤箱中取出並在每個爆米花周圍放一把刀。

e) 從平底鍋中取出並用刀刺穿每個。

77. 蜜餞火腿

原料：

- 3 杯糖
- 1 1/2 杯 Prosciutto di Parma 切片，切碎

指示：

a) 在中等大小的平底鍋中慢慢融化糖，加入火腿並混合 3 分鐘。

b) 將混合物鋪在舖有蠟紙或羊皮紙的平底鍋上。

c) 放涼並分開以崩潰。

78. 馬蘇里拉奶酪和火腿土豆蛋糕

品牌：6

原料：

- 馬蘇里拉奶酪和火腿土豆蛋糕
- 1/2 杯（35 克）新鮮麵包屑
- 900 剋土豆，去皮
- 1/2 杯（125 毫升）熱牛奶
- 60 克黃油，切成方塊
- 2/3 杯（50 克）磨碎的巴馬干酪
- 2 個蛋
- 1 個蛋黃
- 100 克（1 杯）磨碎的馬蘇里拉奶酪
- 100 克火腿，切丁
- 小火箭，服務

指示：

a) 預熱烤箱至非常熱，200°C（180°C 風扇強制）。

b) 在 20 厘米的彈簧盤上塗上黃油；撒上三分之一的麵包屑。

c) 在裝有沸騰鹽水的平底鍋中煮土豆 15 分鐘，直到土豆變軟。流走；返回鍋中 1 分鐘，直至變乾。

d) 搗碎土豆，加入牛奶和一半黃油。拌入巴馬干酪、雞蛋和蛋黃；季節。

e) 將準備好的平底鍋撒上一半的馬鈴薯混合物。蓋上馬蘇里拉奶酪和意大利熏火腿；頂部有剩餘的馬鈴薯混合物。點上剩餘的黃油；撒上剩餘的麵包屑。

f) 烘烤 30 分鐘，直到變金變暖；靜置蛋糕 10 分鐘。切片並與火箭一起食用。

79. 綠豌豆意式奶凍配火腿

製作：8-10 份

原料

綠豌豆奶凍：
- 菜籽油或其他中性油的烹飪噴霧
- 1 湯匙。瓊脂片
- 1 根小芹菜莖，切成塊
- 2" 新鮮迷迭香小枝
- 1 片月桂葉
- 1/2 茶匙。整個黑胡椒粒
- 1/4 茶匙。整個多香果
- 2 枝平葉意大利歐芹
- 食鹽，品嚐
- 2 杯綠豌豆
- 1/4 攝氏度 重奶油
- 2 湯匙布里乾酪
- 辣椒，品嚐
- 胡椒粉適量
- 微型蔬菜或芹菜蔬菜，用於裝飾

火腿片：
- 4 薄片帕爾馬火腿

綠豌豆奶凍：

a) 將烤箱預熱至 400º F，中間放一個烤架。用箔紙在有邊的烤盤上劃線。用烹飪噴霧輕輕塗抹 12 杯迷你鬆餅罐的杯子，然後放在一邊。

b) 將 1-3/4 杯水、瓊脂、芹菜、迷迭香、月桂葉、花椒、多香果、歐芹和 1/4 茶匙食鹽放入小平底鍋中。用大火慢燉，偶爾刮一下鍋底，然後把火調小。繼續偶爾刮平底鍋底部，因為瓊脂喜歡沉澱，直到它看起來溶解，大約 6-8 分鐘。

c) 將豌豆加入攪拌機中打成泥。將瓊脂肉湯通過細網過濾器過濾到攪拌機中。加入濃奶油、布里乾酪、一兩撮辣椒粉和額外的水，使體積剛好超過 2 杯。

d) 攪拌至光滑，根據需要刮下攪拌機的側面。品嚐並根據需要加入鹽、白胡椒粉和額外的卡宴調味，短暫混合以充分融合。將混合物均勻分佈在 12 個準備好的鬆餅杯中。

e) 輕敲平底鍋幾次以穩定並幫助去除可能形成的任何氣泡。放置約一個小時讓瓊脂凝固。

f) 上菜時，用一把薄刀繞著意式布丁的邊緣劃一圈，然後把每一個都彈出來。

火腿片：

g) 將烤箱預熱至 250° F。

h) 使用 1 英寸的圓刀，切出火腿的圓圈。放在舖有羊皮紙的平底鍋上，烘烤 10-15 分鐘直至變脆。保留裝飾。

集會：

i) 將奶油布丁放在托盤上。

j) 將意大利熏火腿盤放在蒜泥蛋黃醬上。

k) 用微型蔬菜或芹菜蔬菜裝飾。

80. 奇亞籽青檸冰淇淋

原料：

- 磨碎的果皮和 4 個酸橙汁
- ¾杯糖
- 杯子對半
- 大蛋黃
- 1¼ 杯濃奶油
- ⅔ 杯奇亞籽

指示：

a) 在食品加工機中，將青檸皮和糖攪拌約 5 次以從皮中提取油。將酸橙糖轉移到碗中。

b) 將一個大碗部分裝滿冰和水，將一個中等大小的碗放入冰水中，並在頂部設置一個細網過濾器。

c) 在平底鍋中，混合 ½ 杯酸橙糖和 half-andhalf。用中火慢燉，攪拌使糖溶解。

d) 同時，將蛋黃加入碗中剩餘的酸橙糖中，攪拌均勻。

e) 在不斷攪拌的同時，逐漸將大約一半的熱對半混合物倒入蛋黃中，然後將這種混合物攪拌到平底鍋中的對半混合物中。

f) Cook 不斷攪拌，直到蛋奶沙司的厚度足以覆蓋勺子的背面，大約 5 分鐘。

g) 將蛋羹通過過濾器倒入準備好的碗中，攪拌至冷卻。

h) 加入青檸汁、奶油和奇亞籽。將碗從冰浴中取出，蓋上蓋子，冷藏至少 2 小時或最多 4 小時，直到蛋羹變冷。

i) 根據製造商的說明在冰淇淋機中冷凍和攪拌。為了獲得柔軟的稠度，請立即提供冰淇淋；為了更牢固的稠度，將其轉移到容器中，蓋上蓋子，並在冰箱中硬化 2 至 3 小時。

81. 巧克力櫻桃冰淇淋蛋糕

原料：

- 1 杯（2 支）無鹽黃油
- 1 杯超細糖
- 1 茶匙。純香草精
- 4 個雞蛋，毆打
- 2 杯少 1 湯匙。多用途麵粉
- 1 湯匙。無糖可可粉
- 1.5 茶匙。發酵粉
- 4 杯去核切碎的櫻桃
- ½ 杯蔓越莓汁
- 3 湯匙。淺紅糖
- ½ 食譜豪華香草冰淇淋
- 1 杯濃奶油，輕輕攪打
- 一些櫻桃作為打頂
- 巧克力捲髮

指示：

a) 將烤箱預熱至 350°F (180°C)。在一個 7 英寸的彈簧形或底部鬆散的深蛋糕盤上輕輕塗上油脂。將黃油、糖和香草一起打至顏色變淺並呈奶油狀。

b) 將雞蛋輕輕打成兩半，然後逐漸拌入乾燥的原料，與其餘的雞蛋交替攪拌，直至充分混合。用勺子舀到準備好的蛋糕盤中，壓平頂部，烘烤 35 到 40 分鐘，直到摸起來很硬。

c) 在平底鍋中冷卻，然後取出，用箔紙包裹，冷藏至完全冷卻，以便更容易切片。

d) 將櫻桃放入裝有蔓越莓汁和紅糖的小平底鍋中。用中火煮至變軟。放在一邊冷卻，然後冷藏直到真正變冷。準備香草冰淇淋，直到它達到用勺子舀的稠度。

e) 用長刀，把蛋糕切成均勻的三層。將一層放入 7 英寸的蛋糕盤中，然後在上面放上一半的櫻桃和三分之一的果汁。蓋上一層冰淇淋，然後蓋上第二層蛋糕。加入剩下的櫻桃，但不要加入所有的果汁（用剩下的果汁潤濕第三層蛋糕的底部）。

f) 蓋上剩下的冰淇淋和最後一層蛋糕。

g) 壓好，蓋上保鮮膜，冷凍過夜。（如果需要，蛋糕可以在冰箱中存放長達 1 個月。）

82. 巧克力炸彈

原料：

- ½ 食譜苦巧克力冰淇淋
- ½ 杯攪打奶油
- 1 個小蛋清
- ⅛杯超細糖
- 4 盎司。新鮮覆盆子，搗碎並過濾
- 1 份食譜樹莓醬

指示：

a) 在冰箱中，冷卻一個 3 ½ 至 4 杯的炸彈模具或金屬碗。準備冰淇淋。當它是可塗抹的稠度時，將模具放入一碗冰中。在模具內部鋪上意式冰淇淋，確保它是厚而均勻的一層。平滑頂部。立即將模具放入冰箱並冷凍直至真正變硬。

b) 同時，攪打奶油直至變硬。在一個單獨的碗中，攪拌蛋清直至形成柔軟的尖峰，然後輕輕加入糖攪拌至光滑且堅硬。將鮮奶油、蛋清和濾過的覆盆子混合在一起，冷藏。當巧克力冰變硬時，用勺子將覆盆子混合物倒入炸彈中間。

c) 抹平頂部，蓋上蠟紙或箔紙，冷凍至少 2 小時。

d) 上菜前大約 20 分鐘，將炸彈從冰箱中取出，用一根細簽從中間插入以釋放氣閘，然後用刀繞著內部頂部邊緣移動。翻轉到冷卻的盤子上，用熱布短暫擦拭鍋。擠壓或搖動平底鍋一次或兩次，看炸彈是否會滑出；如果沒有，請用熱布再次擦拭。當它滑出時，您可能需要用一把小調色刀清理頂部表面，然後立即返回冰箱至少 20 分鐘以再次變硬。

e) 服務，切成片，覆盆子醬。這個炸彈在冰箱裡的平底鍋裡可以保存 3 到 4 週。

83. 菠蘿烤阿拉斯加

原料：

- 1 6 至 8 盎司。一塊商店買的薑餅
- 6 片成熟的去皮菠蘿
- 3 杯水果冰淇淋，軟化
- 3 個大蛋清
- ¾杯超細糖
- 幾片新鮮菠蘿，裝飾

指示：

a) 將蛋糕切成 2 厚塊，並在烤盤上的一張可重複使用的烤盤襯墊上呈正方形或圓形排列，這樣您以後可以輕鬆地將它轉移到上菜盤中。

b) 將 6 片菠蘿切成三角形或四分之一，放在蛋糕上以接住任何水滴。將菠蘿片放在蛋糕上，然後在上面放上冰淇淋。如果冰淇淋軟化太多，立即將平底鍋放入冰箱重新冷凍。

c) 同時，將蛋清攪打至非常硬，然後逐漸加入糖，直至混合物變硬且有光澤。

d) 將蛋白酥皮混合物均勻地塗抹在冰淇淋上，然後放回冰箱。如果需要，可以將其冷凍幾天。

e) 準備上菜時，將烤箱加熱至 450°F (230°C)。將烤盤放入熱烤箱中僅烤 5 至 7 分鐘，或直到烤盤全部變成金黃色。

f) 轉移到盤子裡，立即上桌，用幾片新鮮菠蘿裝飾。

84.　巧克力蘸冰淇淋汽水

原料：
- 1 份食譜豪華香草冰淇淋
- 1 份食譜巧克力醬
- 切碎的堅果或灑

指示：

a) 把冰淇淋做成各種大小的勺子。立即將它們放在蠟紙上，然後真正徹底地重新冷凍。

b) 準備巧克力醬，然後放在陰涼（不冷）的地方，直到冷卻但不變稠。

c) 用蠟紙蓋住幾個平底鍋。將冰棍棒推入一勺冰淇淋的中心，然後將其浸入巧克力中以完全覆蓋。把它放在一碗巧克力上，直到它完全滴完，然後把它放在乾淨的蠟紙上。

d) 如果你願意，可以撒上堅果或彩色糖屑。將冰塊放入冰箱並放置直到非常硬（幾個小時）。雖然它們會保存數週，但根據所用冰淇淋的種類，最好盡快食用。

e) 製作 6-8 個（如果使用非常小的勺子則更多）

85. 卡布奇諾冰沙

品牌：6

原料：
- 4 湯匙。咖啡利口酒
- ½ 配方咖啡冰淇淋
- 4 湯匙。朗姆酒
- ½ 杯濃奶油，打發
- 1 湯匙。無糖可可粉，過篩

指示：

a) 將利口酒倒入 6 個防凍玻璃杯或杯子的底部，充分冷藏或冷凍。

b) 按照指示準備冰淇淋，直到部分冷凍。然後用電動攪拌器將朗姆酒攪拌至起泡，立即用勺子澆在冷凍的利口酒上，再次冷凍至變硬但不硬。

c) 將攪打好的奶油擠在冰淇淋上。

d) 撒上大量可可粉，然後放回冰箱冷藏幾分鐘，直到完全可以食用為止。

86. 五香紅酒水煮無花果配意式冰淇淋

製作：2 份

原料：

- 1.5 杯干紅葡萄酒
- 1 湯匙 糖 (1-2T)，品嚐
- 1 肉桂棒
- 3 整個丁香
- 3 個新鮮無花果，四分之一
- 香草冰淇淋作為伴奏
- 裝飾用薄荷枝，如果需要的話

指示：

a) 在平底鍋中混合葡萄酒、糖、肉桂和丁香。

b) 用適度高溫將液體煮沸，攪拌，然後將混合物文火煮 5 分鐘。加入無花果，小火慢燉，直到無花果被加熱。讓涼爽溫暖。

c) 將幾勺意式冰淇淋放入兩個高腳玻璃杯中，然後在上面放上無花果和一些水煮液。如果需要，用薄荷裝飾。

87. 椰林飘香蛋白酥皮冰淇淋蛋糕

製作：6 份

原料：
- ½ 杯脫水菠蘿
- 20 克黑巧克力 (70%)
- 100 克現成的蛋白酥皮
- 1 ¼ 杯濃奶油
- 2-4 湯匙 Malibu 椰子朗姆酒
- 新鮮薄荷或烤椰子，用於裝飾

指示：

a) 用保鮮膜在 13 x 23 厘米的麵包罐中劃線。確保在兩側懸垂幾厘米的塑料。

b) 將菠蘿切碎，不要比葡萄乾大。對巧克力做同樣的事情。

c) 將蛋白酥皮粉碎成碎屑。嘗試快速進行此操作，因為蛋白酥皮會吸收空氣中的水分並變粘。

d) 在一個大的攪拌碗中，將濃奶油打至軟峰。添加 Malibu，然後再次拍打幾秒鐘，直到軟峰恢復。

e) 將菠蘿和巧克力加入碗中，輕輕拌入奶油中。加入蛋白酥皮，再次輕輕折疊。將所有東西倒入麵包罐中，輕輕敲打櫃檯幾下，讓裡面的東西沉澱下來並散開。將懸垂的塑料折疊在蛋糕頂部，然後用另一層保鮮膜包裹錫。把蛋糕放在冰箱裡過夜。

f) 服務時，使用懸垂的塑料將蛋糕從罐頭中拉出。切片，在上面撒上薄荷枝，或者撒上一些烤過的椰子。這是一個軟奶油蛋糕，所以請立即吞食。

88. 草莓酥皮冰淇淋蛋糕

製作：8 份

原料：
- 意式酥皮
- 4 個新鮮蛋清
- 1.5 杯白糖
- ¼杯水
- 1 湯匙液體葡萄糖或淡玉米糖漿
- 草莓
- 3 杯草莓，洗淨、曬乾並去殼
- 1 湯匙 糖霜/糖果糖
- 1 湯匙 白糖
- 奶油
- ¾杯雙份/濃奶油

指示：

a) 製作意大利蛋白酥皮時，將糖、水和葡萄糖/玉米糖漿放入一個中等大鍋中。將雞蛋放入立式攪拌機的（非常乾淨）碗中。

b) 將鍋下的熱量設置為中高，將糖混合物煮沸，旋轉鍋以在糖溶解後移動。

c) 使用糖溫度計檢查沸騰糖漿的溫度。請小心熱糖！當溫度達到 100 攝氏度時，開始在立式攪拌機上攪拌至高溫。

d) 當糖達到 116C（或"軟球"階段）時，將糖漿從火上取下，慢慢倒入蓬鬆的蛋清中，保持攪拌器處於中高速。

e) 倒入所有糖漿後，將速度調低，並攪拌直至蛋白冷卻，這可能需要長達 30 分鐘的時間。

f) 發生這種情況時，取一半草莓和糖果商的糖，然後將它們放入食品加工機中攪拌至光滑。通過篩子過濾它們以去除任何種子，並保存在冰箱中。

g) 取另一半草莓，切成薄片。保留最好的切片來裝飾你的蛋糕，將白糖加入其餘部分，然後浸泡。

h) 將奶油放入一個大碗中，攪打至軟冰淇淋的稠度（想想英國的聖代冰淇淋或 Mr Whippy）

i) 拿一個至少能裝六個杯子的麵包罐，你可能需要另一個容器，因為這種混合物最多可以組成十個杯子……用少許水蘸濕，抖掉多餘的，然後用保鮮膜包起來。

j) 將保留的草莓片按一定圖案放在有內襯的麵包罐底部。

k) 取出奶油，用勺子將它連同草莓醬和草莓片一起倒入蛋白酥皮中。用餐勺輕輕地將它們折疊在一起，直到它剛好呈波紋狀。

l) 用勺子將混合物倒入準備好的錫罐中，多餘的可以用勺子舀到另一個有內襯的容器中。如果主蛋糕的頂部可以用抹刀拖過它來抹平，就像瓦匠在磚牆上抹平水泥一樣。在另一個容器上執行此操作以捕獲多餘的混合物。

m) 用保鮮膜覆蓋並冷凍直至凝固。這至少需要 7-8 小時，但可以放置一整夜以完全固化。

n) 食用前 10 分鐘從冰箱中取出，拉開保鮮膜，轉到上菜盤上，取下保鮮膜，用浸泡在熱水中的麵包刀切片。

89. 三角巧克力冰淇淋

原料：

- 24 盎司全脂牛奶
- 2.7 盎司紅糖
- 3 湯匙玉米澱粉
- 2 湯匙可可粉
- 1.5 湯匙蜂蜜
- ¾ 茶匙粗鹽
- 2 盎司軟化奶油芝士
- 三塊 3.5 盎司的深色三角三角巧克力棒，切成小塊
- 1 湯匙香草
- 1.5 茶匙杏仁酒
- 1 bar Toblerone，切成小塊

指示：

a) 在一個厚底平底鍋中，將牛奶、糖、玉米澱粉、可可粉、蜂蜜和鹽攪拌在一起。用中高火加熱，不斷攪拌，直到混合物沸騰。

b) 讓底部煮沸 10-15 秒，然後倒入裝有奶油芝士和 3 塊切碎的 Toblerone 的碗中。加入香草和苦杏酒，靜置一分鐘以融化奶酪和巧克力。

c) 攪拌底座，直到巧克力和奶酪融化。底部會有小塊杏仁。

d) 將基料倒入攪拌機中，攪拌至光滑。

e) 將底座濾入一個金屬碗中，該金屬碗位於一個裝滿冰水的大碗內。

f) 偶爾攪拌直到溫度不超過 40F。

g) 根據製造商的說明攪動您的基地：。當冰淇淋處於軟質稠度時。加入最後一塊切碎的巧克力，再攪拌 2 分鐘，直到糖果均勻分佈。

h) 裝入容器中。將保鮮膜直接壓在冰淇淋表面，冷凍 4-6 小時或過夜。

90. 巧克力能多益冰淇淋

品牌： 3 份

原料：
- ⅓ 杯濃奶油
- 1 ⅓ 杯 2% 牛奶
- ½ 杯砂糖
- 2 湯匙花生醬
- 2-3 湯匙迷你黑巧克力片

指示：

a) 在一個中到大的碗中加入奶油、牛奶和糖，以中速攪拌 20 秒，然後倒入冰淇淋機。

b) 當冰淇淋快完成時，加入 Nutella 和巧克力片，繼續使用冰淇淋機，直到達到所需的奶油味。

91. 櫻桃冰淇淋

品牌：1

原料：
- 2 杯全脂牛奶
- 5 個蛋黃
- 1 杯糖
- 1 杯濃奶油
- 1 茶匙香草
- 2 茶匙磨碎的橙子
- 1 磅去核櫻桃

指示：
a) 在中等平底鍋中加熱蛋黃和糖，直到糖溶解。加入牛奶、磨碎的橙子和奶油，攪拌直至混合。

b) 用中火煮，不斷攪拌 8-10 分鐘直至變稠。

c) 遠離熱源。

d) 加入櫻桃並在食品加工機中充分混合。加入混合的櫻桃和香草。通過細濾器將其倒入塑料碗中。蓋上蓋子並冷藏過夜。

e) 按照製造商的說明將混合物放入冰淇淋機中。

f) 冷凍直到可以食用。

92. 黑莓冰淇淋

品牌：1

原料：
- 2 杯全脂牛奶
- 4 個蛋黃
- 1 杯糖
- ½ 杯濃奶油
- ½ 茶匙鹽
- 2 杯黑莓

指示：

a) 將黑莓通過放在攪拌碗上的細網篩。用勺子的背面將果肉推過篩子，在不使用任何種子的情況下去除果汁和果肉。擱置。

b) 在中型平底鍋中攪拌蛋黃和糖，加熱直至糖溶解。加入牛奶、鹽和奶油，攪拌直至混合。

c) 用中火煮，不斷攪拌 8-10 分鐘直至變稠。

d) 遠離熱源。

e) 加入黑莓汁和果肉。通過細濾器將其倒入塑料碗中。蓋上蓋子並冷藏過夜。

f) 按照製造商的說明將混合物放入冰淇淋機中。

g) 冷凍直到可以食用。

93. 覆盆子冰淇淋

品牌：1

原料：
- 2 杯全脂牛奶
- 4 個蛋黃
- 1¼ 杯糖
- 1 杯濃奶油
- 1 茶匙鹽
- 2 杯覆盆子

指示：

a) 將覆盆子通過放置在攪拌碗上的篩子（最好是網眼）。接下來，用勺子的背面向下壓，通過過濾器去除果汁。這將在不使用任何種子的情況下留下果肉。擱置。

b) 在一個中等大小的平底鍋中，通過攪拌將蛋黃和糖混合，然後將糖過熱融化直至完全溶解。加入牛奶、鹽和奶油，攪拌直至混合。

c) 用中火煮，不斷攪拌 8-10 分鐘直至變稠。

d) 遠離熱源。

e) 加入覆盆子汁和果肉。通過細濾器將其倒入塑料碗中。蓋上蓋子並冷藏過夜。

f) 按照製造商的說明將混合物放入冰淇淋機中。

g) 冷凍直到可以食用。

94. 藍莓冰淇淋

品牌：1

原料：
- 2 杯全脂牛奶
- 5 個蛋黃
- 1 杯糖
- ½ 杯濃奶油
- 1 茶匙鹽
- 2 杯藍莓
- 1.5 茶匙檸檬汁

指示：

a) 在中型平底鍋中攪拌蛋黃和糖，加熱直至糖溶解。加入牛奶、鹽和奶油，攪拌直至混合。

b) 用中火煮，不斷攪拌 8-10 分鐘直至變稠。

c) 從火上移開。

d) 將藍莓和檸檬汁放入食品加工機中加工直至混合。將藍莓檸檬混合物攪拌成液體。通過細濾器將其倒入塑料碗中。蓋上蓋子並冷藏過夜。

e) 按照製造商的說明將混合物放入冰淇淋機中。

f) 冷凍直到可以食用。

95. 芒果冰淇淋

品牌：1

原料：

- 2 杯全脂牛奶
- 4 個蛋黃
- 1 杯糖
- 1 杯濃奶油
- 1 茶匙鹽
- 2 杯芒果泥
- 1.5 湯匙玉米澱粉

指示：

a) 在中型平底鍋中攪拌蛋黃和糖，加熱直至糖溶解。加入牛奶、鹽和奶油，攪拌直至混合。

b) 用中火煮，不斷攪拌 8-10 分鐘直至變稠。

c) 遠離熱源。

d) 將芒果和玉米澱粉放入食品加工機中加工直至混合。將芒果混合物攪拌成液體。通過細濾器將其倒入塑料碗中。蓋上蓋子並冷藏過夜。

e) 按照製造商的說明將混合物放入冰淇淋機中。

f) 冷凍直到可以食用。

96. 花生酱冰淇淋

品牌：1

原料：

- 2 杯全脂牛奶
- 5 個蛋黃
- ⅔ 杯糖
- 1.5 杯濃奶油
- 1 茶匙鹽
- 1 茶匙香草
- ⅔ 杯花生醬

:

指示：

a) 在中型平底鍋中攪拌蛋黃和糖，加熱直至糖溶解。加入牛奶、鹽和奶油，攪拌直至混合。

b) 用中火煮，不斷攪拌 8-10 分鐘直至變稠。

c) 遠離熱源。

d) 將花生醬和香草攪拌成液體。通過細濾器將其倒入塑料碗中。蓋上蓋子並冷藏過夜。

e) 按照製造商的說明將混合物放入冰淇淋機中：

f) 冷凍直到可以食用。

97. 榛子冰淇淋

品牌：1

原料：
- 2 杯全脂牛奶
- 5 個蛋黃
- ⅓杯糖
- 1.5 杯濃奶油
- 1 茶匙鹽
- 1 茶匙香草
- 1 杯烤榛子

指示：

a) 在中型平底鍋中攪拌蛋黃和糖，加熱直至糖溶解。加入牛奶、鹽和奶油，攪拌直至混合。

b) 用中火煮，不斷攪拌 8-10 分鐘直至變稠。

c) 遠離熱源。

d) 將烤榛子放入食品加工機中攪拌。將榛子和香草攪拌到液體中。通過細濾器將其倒入塑料碗中。蓋上蓋子並冷藏過夜。

e) 按照製造商的說明將混合物放入冰淇淋機中。

f) 冷凍直到可以食用。

98. 混合漿果冰淇淋

品牌：1

原料：

- 2 杯全脂牛奶
- 4 個蛋黃
- ½杯糖
- 1 杯濃奶油
- 1 茶匙鹽
- 1 茶匙香草
- ½ 杯藍莓
- ½ 杯覆盆子

指示：

a) 將覆盆子通過放置在攪拌碗上的篩子（最好是網眼）。用勺子的背面將果肉推過篩子，在不使用任何種子的情況下去除果汁和果肉。擱置。

b) 2 在中型平底鍋中攪拌蛋黃和糖，加熱直至糖溶解。加入牛奶、鹽和奶油，攪拌直至混合。

c) 用中火煮，不斷攪拌 8-10 分鐘直至變稠。

d) 從火上移開。

e) 將香草、藍莓、覆盆子汁和果肉放入食品加工機中攪拌直至混合。將漿果和香草混合物攪拌到液體中。通過細濾器將其倒入塑料碗中。蓋上蓋子並冷藏過夜。

f) 按照製造商的說明將混合物放入冰淇淋機中：

g) 冷凍直到可以食用。

99. 椰子冰淇淋

品牌：1

原料：
- 5 個蛋黃
- 2 杯椰奶
- 1 杯糖
- 1 杯濃奶油
- 1 茶匙鹽
- 1 茶匙香草
- 一個新鮮椰子的椰子水
- ½ 杯切碎的甜椰子

指示：

a) 在中等大小的平底鍋中攪拌蛋黃、新鮮椰子中的椰子水和糖，加熱直至糖溶解。加入椰奶、鹽和奶油，攪拌直至混合。

b) 用中火煮，不斷攪拌 8-10 分鐘直至變稠。

c) 從火上移開。

d) 將椰子片和香草混合物攪拌到液體中。通過細濾器將其倒入塑料碗中。蓋上蓋子並冷藏過夜。

e) 按照製造商的說明將混合物放入冰淇淋機中。

f) 冷凍直到可以食用。

100. 南瓜冰淇淋

品牌：1

原料：

- 2 杯全脂牛奶
- 4 個蛋黃
- 1 杯糖
- 1 杯濃奶油
- 1 茶匙鹽
- 1 茶匙香草
- 1 杯南瓜泥
- 1 茶匙肉桂
- ¼ 杯紅糖

指示：

a) 在中型平底鍋中攪拌蛋黃和糖，加熱直至糖溶解。加入牛奶、鹽和奶油，攪拌直至混合。

b) 用中火煮，不斷攪拌 8-10 分鐘直至變稠。

c) 從火上移開。

d) 將紅糖、肉桂、南瓜泥和香草一起攪拌，然後將它們攪拌到液體中。通過細濾器將其倒入塑料碗中。蓋上蓋子並冷藏過夜。

e) 按照製造商的說明將混合物放入冰淇淋機中。

f) 冷凍直到可以食用。

結論

我們都喜歡意大利甜點。也許這源於他們早期的歷史，他們沒有經常接觸糖分，而且在食譜中使用的糖分比美國廚師少得多。正是所有的新鮮食材，如奶油和奶酪，才使意大利甜點如此美味。